中国司法改革实证研究丛书

致力于中国司法制度、刑事诉讼制度和纠纷解决的
实证研究作品

教育部人文社会科学研究"刑事在线审判证据调查问题研究"项目资助（21YJC820048）
四川大学"双一流"建设项目"中国司法实证研究学派"支持
"中央高校基本科研业务费专项资金资助"（supported by "Fundamental Research Funds for the Central Universities"）（SWU2109504）
四川省社会科学重点研究基地纠纷解决与司法改革研究中心支持

中国司法改革实证研究丛书
左卫民/丛书主编

信息化与中国法院变迁

INFORMATIZATION AND THE CHANGES OF CHINESE COURTS

叶燕杰 / 著

"中国司法改革实证研究丛书"序

2014年10月20日至23日召开的中共十八届四中全会,无疑将在当代中国法治建设的进程史上留下划时代的一笔。继党的十八届三中全会提出进一步深化司法体制改革的措施后,党的十八届四中全会通过的中共中央《关于全面推进依法治国若干重大问题的决定》,又提出了关于司法改革的重大举措,这对中国司法建设与改革而言显然具有积极意义。

长期以来,笔者及笔者带领的学术团队包括所指导的博士研究生,一直致力于司法制度、刑事诉讼制度和纠纷解决的实证研究,力图真切地把握中国司法与诉讼制度的运行现状,深度剖析其利弊得失,抓住切实存在的重要问题,探究其成因,并在此基础上提出有针对性和可操作性的改革建言。通过不断地开展实证研究,我们取得了关于司法与诉讼制度若干方面的一些研究成果。考虑到当前司法改革的重要性,也考虑到实证研究的重要性,笔者将我们团队近期有关司法制度的研究成果收辑成册,以中国司法改革实证研究为主题,与北京大学出版社联系并系列出版。笔者的看法是,中国司法研究固然早成显学,但司法改革的正确推进尤其是长期有效推行,仍然有待于科学、细致及深入的实证研究。有鉴于此,笔者将自己及所带领团队关于司法改革的实证研究成果奉献给大家,希望抛砖引玉,引起更多学界同仁关注并开展司法实证研究,同时也为当下和未来的司法改革提供些许参考。

  需要指出的是,对于法学研究者而言,实证研究乃是一种新兴的研究方法,无论是笔者抑或笔者所带领的团队成员,都有一个学习与掌握的过程。本系列作品中,有些实证研究方法运用得比较多,有的则比较少;有些运用得比较好,有些则有所欠缺,但鉴于这些作品大都或多或少地运用实证方法,比如使用数据展开分析等,因此笔者仍然以实证研究为主题收辑在一起。其中不当之处,敬请读者诸君批评。

左卫民

2014 年 12 月 3 日于四川大学研究生院

序

  截至目前,人民法院运用信息技术进行司法管理和司法审判已有近四十年的历史。自20世纪七八十年代伊始,随着国家政务系统信息化建设的开展,法院系统也开始有意识地引入电子计算机和信息网络,以替代传统手工办案方式,实现法院办公办案方式的现代化。进入90年代中后期,随着国家信息化建设的重点逐渐由"应急"领域转向国民经济和社会领域,法院系统逐渐开始有计划地推进信息化建设,其重要标志是1996年最高人民法院《全国法院计算机信息网络建设规划》《法院系统物质建设"九五"计划和2010年远景设想的意见》的相继发布。在此之后,人民法院的司法信息化又经历了"电子政务"建设时期、"天平工程"建设时期,司法信息化建设实现了由初级到高阶、由零散到全域、由自动化到智能化的跨越式发展。受惠于不同时期的物质装备建设与技术积累,当前人民法院信息化的建设重点已开始进入以数据开发和利用为主的全新阶段。司法信息化及其与法院变迁之间的相互关系,成为当前理论界和实务界无法回避的一个问题。

  回顾我国司法信息化的发展历程,人民法院信息化的历史变迁不可谓不曲折、不复杂。从最初物质装备的现代化到后来审判辅助的智能化,从最初的改进办案方式、提升办案效率到如今的助推审判体系和审判能力的现代化。三十多年来,司法信息化实现了历史性的跨越和巨变,司法信息化变迁的逻辑和动力、信息化对现代法院的影响和塑造、司法信息化与司法改革之间的关系等问题都需要进行回应,这些问题也持续地吸引着学界的关注与争鸣,这也是本研究的内在缘起。

从现有研究来看,与司法信息化问题相关的研究主要从两个维度展开:一是传统"法院信息化"的范畴,主要探讨司法信息化的建设机制及效果评估、信息化背景下的司法管理问题以及法院信息化基本建设问题;二是"智慧法院"的范畴,主要涉及"智慧法院"建设的伦理风险与规范路径研究、"智慧法院"建设的技术路径、现代信息技术对现代法院的影响和塑造等方面(包括互联网司法、在线诉讼等)。前述研究的局限在于,只是关注到我国司法信息化的一个阶段、一个侧面,例如司法信息化的实践运作、司法信息化的伦理风险、司法信息化对法院的影响和重塑等,未能开展更为系统、深入的研究。事实上,司法信息化是一项综合性、系统性的庞大工程,内容复杂、牵涉面广,仅某一方面的研究显然无法深入揭示中国司法信息化的逻辑和全貌,无法阐明司法信息化变迁的内在逻辑。不仅如此,由于学界大多青睐"小历史"的研究,对人民法院司法信息化变迁的历史挖掘不够,而这种"有意无意"的忽视会影响我们对司法信息化变迁逻辑的理解和判断。此外,当前过度"技术化"的研究取向也给学界带来困惑,还会不自觉地将司法信息化问题引至具体的、技术性的问题,从而忽视司法信息化过程中"人"的主体性作用,忽视法院作为一个司法机关、作为一个专业办案机构的特殊性。在这种热闹的技术话语之下,可能会遮蔽很多现实且重要的问题,从而进一步加深话语和实践、现实与理想之间的疏离感。

从司法信息化演变的逻辑来看,司法信息化的兴起与发展,是基于追求多维价值目标的结果,也是应对不同历史时期人民法院基本矛盾的必然选择。宏观层面,作为国家机构的重要组成部分,司法信息化必须依循、适应国家的信息化发展战略,司法信息化应与国家的信息化发展态势同频,受国家信息化发展规划的直接影响。微观层面,司法信息化是人民法院应对日益严峻的审判执行态势、解决"人案矛盾"和执行难问题、提升审判效率、推进司法公开、开展有效司法管理、解决司法不透明问题、促进司法便民、构建现代型法院等的必然要求。正是因为宏观因素的影响和微观因素的推动,中国法院的信息化建设才得以在短短的三十多年里实现从无到有、由点到面、由弱到强的巨变。

有关信息化对中国司法的影响方面,信息化的确对中国司法产生了很大的影响,但与此同时,这种影响也不应被夸大、高估。一方面,信息化在一定程度上重塑了中国司法。例如,信息化促进了法院系统内外部的通联,打破了上下级法院之间的信息"割裂"状态,使得法院系统日益联系紧密、信息畅通。信息化强化了上级法院向下"汲取"信息的能力,客观上使得上级法院拥有更多的手段对法院系统的"信息流"进行控制,从而带来指导方式、管理方式、控制方式等方面的变革;不仅如此,信息化也改变了人民法院对外沟通交往的方式,推动了司法活动"内景"的对外展示,这对于人民法院的合法性建构显然大有裨益。另一方面,信息化之于中国法院的作用也不能被夸大、高估,因为信息化并未从根本上、也很难从实际上重塑中国司法。信息化并未改变法院作为一个司法机关的本质,并未改变司法过程中人的"主体性"地位;信息化并未促成司法体制层面的根本变革,信息技术的效用更多仍然停留在"机制改革"层面;信息化并未解决人民法院所面临的基本矛盾,例如"人案矛盾"等。

司法信息化的有限性启示我们,在推进司法信息化的过程中,技术是"刻板"的,而法官是"能动"的。"人"在司法体系中始终居于核心地位,技术效用的发挥必须依赖于"人"的能动性的发挥,司法信息化的前景在很大程度上依赖于技术使用者的能动性。在中国的司法场域中,技术治理逻辑有可能失效。若过度重视技术应用而忽视人的主体性作用,纵使技术手段很先进、技术性能很优异,亦很难达致司法管理主体的预期目标,司法机关也很难真正从信息化进程中受益。

目 录

第一章 导 论 … 001
一、问题提出 … 001
二、研究意义 … 003
三、概念界定 … 005
　（一）信息化 … 005
　（二）法院信息化 … 006
　（三）"智慧法院" … 008
四、文献综述 … 011
　（一）"法院信息化"相关问题研究 … 012
　（二）"智慧法院"建设相关问题研究 … 013
　（三）研究述评 … 016
五、研究方法 … 018
　（一）历史分析方法 … 018
　（二）实证研究方法 … 019
　（三）规范分析方法 … 020
六、主要内容 … 020

第二章　司法信息化的历史展开 … 025
一、基本装备建设时期 … 026

（一）建设背景 …………………………………………… 026
　　（二）建设展开 …………………………………………… 031
　　（三）建设特点 …………………………………………… 035
　二、基础信息网络建设时期 …………………………………… 037
　　（一）建设背景 …………………………………………… 037
　　（二）建设展开 …………………………………………… 041
　　（三）建设特点 …………………………………………… 049
　三、"电子政务"建设时期 …………………………………… 051
　　（一）建设背景 …………………………………………… 051
　　（二）建设展开 …………………………………………… 054
　　（三）建设特点 …………………………………………… 056
　四、"天平工程"及此之后建设时期 ………………………… 059
　　（一）建设背景 …………………………………………… 059
　　（二）建设展开 …………………………………………… 061
　　（三）建设特点 …………………………………………… 066
　五、小结：司法信息化建设的总体特征 ……………………… 077
　　（一）信息化建设内容的阶段性 ………………………… 077
　　（二）信息化推进模式的变动性 ………………………… 079
　　（三）信息化发展理念的渐进性 ………………………… 084
　　（四）信息化服务对象的扩展性 ………………………… 085

第三章　司法信息化推进的内在动力 …………………………… 086
　一、适应国家信息化发展战略需要 …………………………… 086
　二、应对日益严峻的审判执行形势 …………………………… 088
　　（一）人案矛盾问题 ……………………………………… 088
　　（二）审判效率问题 ……………………………………… 092
　　（三）执行难问题 ………………………………………… 095
　三、强化内部管理及促进对外沟通的迫切需要 ……………… 097

（一）法院组织规模的扩大 ……………………………… 098
　　（二）司法透明度不高 …………………………………… 101
　　（三）司法不够便民 ……………………………………… 103
　四、推进司法体制机制改革的内在需要 …………………… 107
　　（一）司法改革在中国的兴起与发展 …………………… 107
　　（二）司法改革对信息技术的内在需求 ………………… 109
　五、构建现代型法院的必由之路 …………………………… 111
　六、法院物质装备条件的极大改善 ………………………… 112
　　（一）经费保障条件的改善 ……………………………… 112
　　（二）信息技术的迭代更新 ……………………………… 116
　七、小结 ……………………………………………………… 117

第四章　司法信息化推进中的实践问题
　　　　　——以智慧法院建设为例 …………………………… 119
　一、智慧法院建设的实践展开 ……………………………… 121
　　（一）信息化发展规划的制定 …………………………… 121
　　（二）智慧法院建设的推进机制 ………………………… 124
　二、智慧法院的建设成效与实践难题 ……………………… 132
　　（一）建设成效 …………………………………………… 132
　　（二）实践难题 …………………………………………… 133
　三、智慧法院建设实践难题的成因探析 …………………… 140
　　（一）上下级法院信息化建设目标的差异性 …………… 140
　　（二）外生动力与内在需求之间的张力 ………………… 142
　　（三）业务专业性与技术专业性之间的矛盾 …………… 143
　四、小结 ……………………………………………………… 145

第五章　信息化如何塑造中国法院 ………………………… 147
　一、信息化对人民法院信息联结机制的塑造 ……………… 148

（一）司法信息化的历史展开 ………………………………… 148
　　（二）信息化带来的内部沟通机制变革 ……………………… 150
二、信息化对人民法院办案体制机制的塑造 ……………………… 152
　　（一）信息化提供了多样化的办案工具选择 ………………… 152
　　（二）对办案效率的影响 ……………………………………… 155
　　（三）对办案质量的影响 ……………………………………… 157
三、信息化对司法管理体制机制的塑造 …………………………… 159
　　（一）对管理主体的影响 ……………………………………… 160
　　（二）对管理对象的影响 ……………………………………… 162
四、小结：技术融于司法的有效性及其限度 ……………………… 164
　　（一）技术融于司法的有效性 ………………………………… 164
　　（二）技术治理逻辑的有限性 ………………………………… 165

第六章　我国司法信息化的前景展望 …………………………… 169
一、平衡好司法机关的需求与公众的期待 ………………………… 170
　　（一）司法需求与公众期待仍存落差 ………………………… 170
　　（二）法院需求与公众期待的平衡 …………………………… 171
二、明确技术改革和司法改革的内在关系 ………………………… 173
　　（一）技术改革不应取代司法改革的作用 …………………… 173
　　（二）司法改革应为技术应用提供更多制度支撑 …………… 175
三、完善司法信息化的推进机制 …………………………………… 177
　　（一）进一步提升智能司法产品的实用水平 ………………… 177
　　（二）完善司法信息化建设的人才和保障体系 ……………… 178

参考文献 ……………………………………………………………… 181

后　　记 ……………………………………………………………… 198

第一章 导 论

一、问题提出

20世纪七八十年代信息技术的发展和应用是人类科技史上的一次重大进步。信息技术,特别是以计算机和互联网为代表的信息技术的应用,带来人类沟通机制、生产方式、生活方式等方面的变化,对我们的经济交往模式、企业管理模式、政务管理形态等产生的重要影响日益凸显。受信息化浪潮的冲击,中国政府于20世纪80年代初开始了以"办公自动化"为主要内容的政府信息化建设,到了90年代,又确立了以"三金工程"①为代表的管理信息系统建设,开启了我国新一轮推动政府信息化的浪潮。② 正是在这样的背景下,法院系统也开始有意识地引入电子计算机和信息网络,以替代传统手工办案方式,实现法院办公办案方式的现代化。截至目前,人民法院的信息化建设已经走过了三十多年的发展历程。三十多年来,信息化在法院系统内的应用场景日渐增多、功能日益突出,信息化已经开始并将持续对法院系统产生复杂而深刻的影响。在这样的背景下,系统梳理人民法院信息

---

① 1993年,国家启动了"金卡""金桥""金关"(简称"三金工程")等重大信息化工程,拉开了国民经济信息化的序幕。参见吕新奎主编:《中国信息化》,电子工业出版社2002年版,第53页。

② 参见高新民:《电子政务进入新阶段》,载《人民日报》2002年5月11日,第7版。

化的历史变迁,深入阐释人民法院信息化发展变化的内在逻辑,探讨信息技术与法院组织之间的互动关系显得尤为必要。就目前来看,学界对上述问题的讨论显然不够充分,具体归纳如下:

一是司法信息化的历史展开问题。如前所述,自20世纪八九十年代人民法院开启物质装备的现代化建设以来,截至目前,人民法院的信息化建设已经过了三十多年的发展历程。在这三十多年中,人民法院信息化究竟经历了怎样的变迁?在不同历史时期,人民法院的信息化建设具有何种背景?信息化建设是如何展开的?不同的历史阶段呈现出怎样的建设特征?具有何种关联?……就目前来看,作为讨论法院信息化的一个基本前提,有关人民法院信息化历史变迁的研究还相对缺乏,这种缺乏使得我们针对法院信息化的讨论更多地建立在当下有限的信息化实践之上,而忽视人民法院信息化发展变迁的历史脉络,因此有必要对人民法院的信息化变迁进行回顾与总结。

二是司法信息化推进的内在动力。目前,理论界不太关注这一问题,但事实上,这一问题具有相当的重要性。原因在于,人民法院信息化发展的内在动力揭示了人民法院推进信息化建设的基本逻辑。那么人民法院推进信息化建设的内在动力和基本逻辑究竟是什么?司法信息化究竟承载了什么样的功能期待?……就目前来看,对这些问题的揭示还不够深入,尚有进一步研究的空间。

三是有关司法信息化推进中的实践问题。目前,学界针对法院信息化问题所作的研究主要集中在"智慧法院"建设问题上。然而,围绕"智慧法院"建设实践的分析和讨论一定程度上还面临实证性不足、理论深度不够以及过度"技术化"等问题,这影响了我们对实践中法院信息化运作的认知和判断,因而有进一步研究的必要。

四是信息化对中国法院的重塑效应。目前,信息化已经渗透人民法院工作的里里外外、方方面面,信息化给法院组织带来复杂而深刻的影响。那么信息技术的引入对人民法院产生了何种影响?信息化究竟在何种程度上塑造了中国法院？如何看待技术应用与司法改革之间的关系？……

在笔者看来，作为法院信息化的四个重要方面，上述问题并没有得到足够的重视和充分的讨论。而这种讨论对于当前正在如火如荼开展的"智慧法院"建设而言至关重要，有鉴于此，本书拟对人民法院信息化的基本问题展开研究。

二、研究意义

本书以中国法院的信息化为切入点，探讨了人民法院信息化的历史变迁、内在逻辑、实践运作以及现实影响等，具有以下几方面的意义：

第一，有助于反思当前高度"技术化"的研究倾向，更全面地看待当前的"智慧法院"建设。当前，学界过多地关注司法领域的大数据、人工智能等新兴技术的应用，过多地关注以"智慧法院"为代表的信息化建设，这种研究取向虽然契合了当下如火如荼的智慧司法实践，但是却与传统的信息化理论和实践产生了某种脱节。事实上，以"智慧法院"为代表的信息化建设只是人民法院漫长的信息化发展历程中的一个阶段，基于"智慧法院"所开展的研究充其量只是人民法院信息化的"断代史"研究，很难透视人民法院信息技术应用和变迁的全貌。从历史变迁的维度来审视当前的"智慧法院"建设，能够形成对"智慧法院"建设更全面、更系统的认知。

第二，有助于加深我们对法院信息化变迁逻辑的理解。法院信息化缘何产生及如何发展是理解人民法院信息化变迁逻辑的重要内容。目前，学界对人民法院信息化变迁的内在逻辑关照不足，习惯于从一些过于宏观的视角去看待和解读法院信息化的变迁。与此同时，现有研究割裂了"智慧法院"与"法院信息化"的内在关联。笔者认为，现有研究并未很好地回答人民法院信息化建设究竟"依靠谁""为了谁"以及"向何处去"的问题,由此可能导致我们在信息化建设过程中"无的放矢",甚至迷失方向。在笔者看来,人民法院信息化的兴起与发展,是基于追求多维价值目标的结果,也是应对不同历史时期人民法院基本矛盾的必然选择。

第三,有助于增强当前法院信息化问题研究的"实践面向"。就目前来看,尽管诸多论者已经对法院信息化(智慧法院)的实践运作进行了考察,但是总体上不够深入、不够细致,一些所谓的"实证考察"背后更多只是一种价值层面的推导。这种价值层面的推导虽有其合理性,但同时也存在一些不容忽视的问题,特别是容易夸大技术变迁对法院的影响。事实上,笔者实证考察发现,当前的智慧法院建设实践远不如话语层面的那般"乐观""美好",而是存在诸多问题。对"智慧法院"建设的实证考察有助于我们更深入地理解实践中的法院信息化,更清醒地看待中国法院信息化的现实。

第四,有助于更加立体辩证地看待信息化对司法的影响。一方面,信息化在一定程度上塑造了中国法院。其一,信息化促进了法院内外部的通联,打破了上下级法院之间的信息"割裂"状态,使得法院系统日益联系紧密、信息畅通。与此同时,信息化强化了上级法院向下"汲取"司法信息的能力,这种能力的变化,客观上使得上级法院拥有更多的手段对法院系统的"信息流"进行控制,从而带来指导方式、管理方式、控制方式等方面的变化。而在外部通联方面,信息化改变了人民法院对外沟通交往的方式,推动了司法活动"内景"的对外呈现方式,这对人民法院的形象塑造和权威构建都大有裨益。其二,信息化影响了司法审判。在信息化时代,信息技术的应用改进了传统的办案方式、提升了办案的效率,也在一定程度上提升了案件的办理质量。其三,信息化影响了法院管理。信息化对司法管理主体、管理对象以及管理方式均产生了诸多影响。另一方面,信息化并未从根本上影响和改变中国法院。信息化并未改变法院作为一个司法机关的本质,也并未改变法院组织对人而非技术的依赖性;信息化并未促成司法体制层面的根本改革抑或变迁,信息技术的应用更多仍然停留在"机制改革"的范畴;信息化并未解决人民法院所面临的基本矛盾,例如"人案矛盾"等。

三、概念界定

(一)信息化

其一,信息化概念的产生及其传播。1946年,人类历史上诞生了第一台电子数字计算机,开启了当代的信息革命。20世纪60年代初,日本学者梅棹忠夫研究了信息产业对社会经济的影响,并首次提出了"信息化社会"的概念。[1] 1969年,日本经济审议会信息产业研究委员会、日本通产省重工业局信息产业室以及日本通产省工业合理化委员会相继发表了三份官方文献,"信息化"概念及用词才开始逐渐被日本官方采纳。[2] 在此之后,"信息化"一词借助"信息社会"概念传入英语世界、经法文转而形成正式的英文译词,信息化概念逐渐为国际社会所接纳。[3] 到了20世纪80年代,美国未来学家阿尔文·托夫勒提出了"第三次浪潮"的概念,提到信息化所带来的"第三次浪潮"将带领人们"超越标准化、同步化、集中化,超越密集的能源、金钱和权力"。1993年初,美国前总统克林顿提出的"信息高速公路"计划正式开始

---

[1] 参见谢阳群:《信息化的兴起与内涵》,载《图书情报工作》1996年第2期。
[2] 参见王旭东:《20世纪下半叶"信息化"概念及用词历史源流考释》,载《史学理论研究》2008年第3期。
[3] 参见王旭东:《社会信息化概念的历史考察及其厘定》,载《安徽师范大学学报(人文社会科学版)》2008年第4期。

实施。1994年1月25日,克林顿在其发布的《国情咨文》中详细阐述了美国"信息高速公路"的建设目标。① 自此之后,"信息化"一词开始为人们所普遍接受和使用。②

其二,"信息化"的内涵。有论者整理了有关信息化内涵的多种观点,例如"信息化就是以计算机技术为核心来生产、获取、处理、存储和利用信息",又如"信息化就是知识化",再比如"信息化就是在经济、文化、社会生活的各个领域广泛而普遍地采用信息技术",等等。③ 1998年,联合国教科文组织出版的《知识社会》一书中提出:"信息化既是一个技术的进程,又是一个社会的进程。它要求在产品或服务的社会过程中实现管理流程、组织机构、生产技能以及生产工具的变革。"④20世纪90年代,我国提出了"国民经济信息化"这一概念。在有的论者看来,"国民经济信息化"包含技术、知识、产业以及经济成长等多个层面。⑤ 2006年3月19日,中共中央办公厅、国务院办公厅印发《2006—2020年国家信息化发展战略》,强调"信息化"是推动经济社会发展转型的一种历史进程,其内涵是利用信息技术和信息资源,促进信息交流和知识共享,提高经济增长质量。⑥ 由此观之,信息化是一个兼具技术范畴、知识范畴、信息范畴的综合概念。

(二)法院信息化

其一,"法院信息化"的产生。有关"法院信息化"的正式提法出现得比较晚。事实上,在20世纪,我国还没有出现"法院信息化"的提

---

① 参见郭万盛:《奔腾年代——互联网与中国1995—2018》,中信出版社2018年版,第4—5页。
② 参见谢阳群:《信息化的兴起与内涵》,载《图书情报工作》1996年第2期。
③ 参见谢阳群:《信息化的兴起与内涵》,载《图书情报工作》1996年第2期。
④ 周宏仁:《信息化论》,人民出版社2008年版,第96页。
⑤ 参见乌家培:《关于国民经济信息化的战略思维》,载《人民日报》1996年7月6日,第6版。
⑥ 参见中共中央办公厅、国务院办公厅印发的《2006—2020年国家信息化发展战略》。

法。这一时期,与"法院信息化"相关的问题,大多被称为"法院的计算机化""物质装备的现代化""办公设备的现代化"等。在此期间,尽管不少法院已经配备了电子计算机等现代化办公设备,一些法院甚至开始建设局域网,但总体来讲,这种信息化建设实践都是在极其有限的范围内展开的,充其量只是人民法院信息化建设的"萌芽"阶段。1996年6月17日,最高人民法院发布《全国法院计算机信息网络建设规划》(以下简称《信息网络建设规划》)。《信息网络建设规划》提出,"力争在'九五'期间,建成以最高人民法院为核心,覆盖全国31个省、自治区、直辖市高级人民法院以及大部分中级人民法院的全国法院计算机信息网络系统,并力争到2010年时覆盖全部基层人民法院,实现全国各级法院间的网络互联"。《信息网络建设规划》是最高人民法院发布的第一个正式的信息化建设文件,拉开了全国法院信息化建设的大幕。1996年7月8日,最高人民法院发布《法院系统物质建设"九五"计划和2010年远景设想的意见》(以下简称《法院物质建设"九五"计划》),也特别强调了"办公现代化建设"的问题,成为指导人民法院信息化建设的重要文件。需要指出的是,虽然人民法院的信息化建设已于1996年正式展开,但一段时期内,法院系统的信息化建设并未上升为国家战略。事实上,直到2001年时任党和国家领导人先后视察广东省南海市人民法院(现为佛山市南海区人民法院)审判流程管理系统之后,法院系统的信息化建设问题才开始受到国家层面的重视。根据最高人民法院相关文献的记载,中央领导同志观看了案件流程管理系统的实时演示,对法院在信息化建设方面取得的成绩给予了充分的肯定,并对信息化在提高审判效率、促进司法公正方面的重要作用提出了殷切希望。[①] 在此之后,"法院信息化"的提法才比较多地出现。

其二,"法院信息化"的内涵。有关"法院信息化"的内涵,目前并

[①] 参见最高人民法院编:《人民法院改革开放三十年·大事记(1978—2008)》,人民法院出版社2008年版,第73页。

没有一个明确的官方定义。有论者认为,"法院信息化"是以计算机网络硬件、软件平台为中心,以现代通信网络为载体,充分利用现代科技手段,实现人民法院信息的采集、制作、传输、发布、存储、利用手段的现代化。"法院信息化"包括工作层面和技术层面的信息化。工作层面的信息化主要是指构建以审判信息管理系统为中心,包括人民法院其他各项工作的信息管理系统,实现法院各项工作的自动化、智能化、规范化和科学化;技术层面的信息化主要是指加强以计算机网络为中心、以现代通信技术为基础的各项应用技术,具体包括审判管理、队伍建设、执行机制等各方面的信息化。[①] 也有论者提出,"法院信息化"是指审判机关以审判流程(优化)重组为基础,通过对信息资源的深度利用,在一定的深度和广度上利用计算机、通信、网络、数据库等现代信息技术,控制和集成管理审判机关在诉讼活动中的所有信息,全面实现法院审判管理、行政管理及队伍管理的数字化和网络化,实现法院内、外部信息的共享和利用。[②] 由此可见,所谓"法院信息化",实质上就是以现代信息技术为基础,囊括硬件建设、软件开发应用以及信息网络(包括局域网、广域网以及互联网)建设、维护等内容的,旨在提升法院办公办案效率、优化诉讼流程、推动法院现代化转型的一项综合性、系统性工程。

(三)"智慧法院"

其一,"智慧法院"概念的提出。在讨论法院信息化过程中,一个不容回避的概念就是"智慧法院"。2015年7月,在全国高级法院院长座谈会上,最高人民法院首次提出"智慧法院"概念,提出司法改革

[①] 参见山东省高级人民法院办公室:《信息化——现代化法院的重要标志》,载《山东审判》2003年第1期。

[②] 参见王少南主编:《法院实用信息管理》,人民法院出版社2007年版,第68页。

和信息化建设是人民司法事业发展的"车之两轮、鸟之双翼"。① 2016年7月,中共中央办公厅、国务院办公厅印发《国家信息化发展战略纲要》,提出"建设'智慧法院',提高案件受理、审判、执行、监督等各环节信息化水平,推动执法司法信息公开,促进司法公平正义"。为了贯彻落实《国家信息化发展战略纲要》,国务院于2016年12月印发《"十三五"国家信息化规划》,进一步强调"大力推进'智慧法院'建设"。在此之后,最高人民法院于2017年4月12日发布了《关于加快建设智慧法院的意见》,正式提出"加快建设智慧法院"。

其二,"智慧法院"的内涵。根据最高人民法院《关于加快建设智慧法院的意见》,所谓"智慧法院","是人民法院充分利用先进信息化系统,支持全业务网上办理、全流程依法公开、全方位智能服务,实现公正司法、司法为民的组织、建设和运行形态"。根据这一意见,"智慧法院"实际上包含三个层次:第一,就载体来看,智慧法院所依托的技术基础是"先进信息化系统";第二,就功能来看,智慧法院的核心是实现网络化、透明化与智能化,其中智能化是核心;第三,就目的来看,智慧法院的建设目标是促进司法公正和司法为民,以及为实现此目标而构建的组织形态与支撑体系。有观点认为,智慧法院是在人民法院信息化3.0版的基础上,以智能化为主要特征,充分利用大数据、人工智能等新兴技术,改变传统的工作方式,进而形成一种建立在信息化基础上的法院组织、建设、运行和管理的新形态。② 也有观点认为,智慧法院建设是在法院信息化建设的格局之下充分依托法院数字化与网络化的成果,利用大数据与人工智能等关键技术,将智能化全方位地

---

① 参见孙航:《智慧法院:为公平正义助力加速》,载《人民法院报》2019年9月18日,第1版。

② 参见2017年8月B市中级人民法院分管信息化建设的副院长在全市智慧法院建设推进会上的讲话。

贯穿于人民法院的全部业务和办案流程当中。①

其三,"智慧法院"与"法院信息化"的区别和联系。有关"智慧法院"与"法院信息化"之间的关系问题,有论者认为,法院信息化与智慧法院存在"承继"关系,智慧法院建设是司法信息化建设的应有组成部分,只是后者更强调智能技术的应用。② 也有论者认为,"智慧法院是对法院信息化建设总体状态的一种描述和总结"③,是"建立在信息化基础上的人民法院的先进形态"④。在笔者看来,"智慧法院"与"法院信息化"既有联系,又有区别。

一方面,"智慧法院"属于人民法院信息化发展进程中的一个历史阶段,是司法信息化的高级阶段,但就其本质而言,"智慧法院"仍未超脱司法信息化的基本范畴,理由有二:一是从国家层面的规划来看,"智慧法院"建设仍在《国家信息化发展战略纲要》《"十三五"国家信息化规划》等规划的范畴之下,"智慧法院"建设是国家信息化发展纲要和信息化发展规划内容的组成部分。二是从人民法院自身的规划来看,"智慧法院"建设同样也只是人民法院信息化建设发展规划的一部分,并未超出司法信息化建设的基本范畴。在以下信息化发展规划中,均涉及"智慧法院"建设的相关内容。例如,2017 年,最高人民法院发布《人民法院信息化建设五年发展规划(2017—2021)》;2018 年,最高人民法院公布了修改后的信息化建设五年规划,即《人民法院信息化建设五年发展规划(2018—2022)》;2019 年,最高人民法院发布了再次修订后的信息化建设规划——《人民法院信息化建设五年发展规划(2019—2023)》;等等。在这些信息化五年规划中,"智慧法院"

---

① 参见王禄生:《智慧法院建设的中国经验及其路径优化——基于大数据与人工智能的应用展开》,载《内蒙古社会科学》2021 年第 1 期。
② 参见王禄生:《智慧法院建设的中国经验及其路径优化——基于大数据与人工智能的应用展开》,载《内蒙古社会科学》2021 年第 1 期。
③ 李鑫:《智慧法院建设的理论基础与中国实践》,载《政法论丛》2021 年第 5 期。
④ 许建峰、孙福辉、陈奇伟:《智慧法院体系工程概论》,人民法院出版社 2021 年版,第 10 页。

建设都只是人民法院总体信息化建设规划的内容之一。就此而言，"智慧法院"建设是司法信息化建设的一部分、一个重要方面。

另一方面，"智慧法院"与法院信息化亦存在一定的区别，这种区别主要是方法论和技术层面的。具体而言，一般意义上的法院信息化侧重于法院办公办案设备（手段）的网络化、信息化，重点在于物理层面的联结和信息交互机制的改变。"智慧法院"则侧重于办公办案方式和手段的"智能化"。具体来说，在技术层面，"智慧法院"强调大数据、人工智能、区块链等高新技术的应用，以此构建更透明、更智能、更便捷的技术支撑体系。与传统的法院信息化相比，"智慧法院"的技术水准更高，相应地，技术风险也更多。

需要说明的是，笔者并未刻意对"智慧法院"和"法院信息化"进行区分（事实上也难以进行区分），而是将其视为"司法信息化"的一个整体加以讨论，因此有些地方难免会出现某种混同，特此说明。

四、文献综述

截至目前，围绕司法信息化相关问题，学界已经产生了大量的研究成果。经过对这部分研究的梳理，笔者发现，现有研究主要集中在两个方面：一是传统意义上的司法信息化问题研究，二是"智慧法院"建设相关问题研究。就传统的司法信息化问题研究成果来看，其研究焦点主要集中在以下几个方面，例如司法信息化的建设机制及效果评估、信息化背景下的司法管理以及法院信息化的基本问题研究等；而在"智慧法院"建设的相关研究方面，主要集中于"智慧法院"建设的伦理风险与规范路径、"智慧法院"建设的技术路径分析以及人工智能技术对中国司法的影响等，具体归纳如下。

(一)"法院信息化"相关问题研究

其一,司法信息化的建设机制及效果评估。目前,有关司法信息化建设机制及效果评估的研究成果相对较多,其中,中国社会科学院法学研究所国家法治指数研究中心定期发布的法院信息化系列评估报告颇具代表性,包括《中国法院信息化第三方评估报告》(2016年),《人民法院信息化3.0版建设应用评估报告——以山东法院为视角》(2017年),2017年、2018年、2019年、2020年、2021年、2022年先后出版的《中国法院信息化发展报告》系列法治蓝皮书。除此之外,还有池强主编的《北京法院电子政务建设探索与实践》(2010年),黄文俊、李亮主编的《阳光之路——人民法院裁判文书上网纪实》(2017年),王小林主编的《信息化时代司法公开的逻辑与进路》(2015年),等等。这部分研究从理论和实践两个层面,对司法信息化的实践运作进行了较为全面、深入的考察,优点是密切关注司法实践,但缺点在于系统性有所不足,大多是针对当下或较短时期内信息化实践展开的,侧重评估层面,没有从历史变迁的角度来审视司法信息化建设的全局性问题。

其二,信息化背景下的司法管理问题。例如,左卫民以四川省各级人民法院的信息化审判管理实践为例,分析了信息化管理在四川省各级法院的实践举措及成效问题。左卫民提出,信息化应用于审判管理实践,使得传统的司法科层制"有限性得到了很大改善,管理者的管理能力和效果增强",但与此同时,左卫民也认识到了信息化在司法管理中的局限性,认为"实现公正、廉洁、高效的目标应通过多种途径达致,而不应仅限于信息化";①高一飞等讨论了信息技术对审判管理方式的影响,认为信息技术带来了管理主体多元化、管理目标人性化以及管理方式数据化,但与此同时,高一飞等论者也认为,由于信息技术缺少

---

① 参见左卫民:《信息化与我国司法——基于四川省各级人民法院审判管理创新的解读》,载《清华法学》2011年第4期。

价值理性而审判管理又缺乏工具理性,信息技术对建设网络化、阳光化、智能化的法院意义不大、效果有限①;胡昌明分析了管理信息化对于提高审判质效、服务法官办案、方便群众诉讼以及推进法院精确管理等方面的积极作用,但也指出管理信息化应向审判服务延伸、提升审判管理信息的应用范围以及强化审判管理信息的共享兼容等②;程金华提出,通过改革法院的"软件系统",去"套利"高科技在法院中的应用所带来的技术红利,以此更好地构建"大审判管理格局"③;王少南等则立足法院信息管理基本理论研究,着眼于解决信息管理实践中的具体问题,系统阐述了如何加强法院工作的信息化管理④;等等。

其三,法院信息化基本建设问题。麦永浩、赵廷光所著的《中国电子政务建设与人民法院信息化》(2003年)一书是最早研究法院信息化建设相关问题的作品之一,该书提出了法院信息化建设的目标、方法、指导思想和基本原则,探讨了法院信息化建设的经费保障问题、招投标问题、硬件建设以及软件应用系统的开发和应用等问题。除此之外,廖元勋的《对法院信息化工作的几点思考》(2008年),刘义生、李润海的《法院信息化工作的现状及应对》(2008年)等也讨论了法院信息化建设的基本问题。但这部分研究相对老旧,已无法反映司法信息化建设的最新进展。

(二)"智慧法院"建设相关问题研究

其一,有关"智慧法院"建设的伦理风险研究。例如,黄京平探讨了人工智能在刑事司法领域的伦理问题,认为"人工智能在刑事司法

---

① 参见高一飞、高建:《智慧法院的审判管理改革》,载《法律适用》2018年第1期。
② 参见胡昌明:《中国智慧法院建设的成就与展望——以审判管理的信息化建设为视角》,载《中国应用法学》2018年第2期。
③ 参见程金华:《人工、智能与法院大转型》,载《上海交通大学学报(哲学社会科学版)》2019年第6期。
④ 参见王少南主编:《法院实用信息管理》,人民法院出版社2007年版。

领域的应用,必须有明确的禁区",强调涉及刑事实体法适用的智能辅助办案系统应当满足相对性、可靠性、适度性、独立性以及可控性方面的要求①;潘庸鲁则提出,鉴于人工智能本身作用的有限性以及审判工作的特殊性,应对人工智能保持清醒的认识,认为人工智能不可能取代或代替法官办案,而只能充当法官的办案辅助工具②;徐骏分析了智慧法院建设带来的四个方面的问题,包括工具理性对司法本意的消解、智慧管理对司法自主的削弱、智慧应用对司法平等的分化以及技术外包对司法公信的威胁③;等等。

其二,"智慧法院"建设的技术路径分析。郑戈分析了人工智能、区块链和大数据技术在司法场域中的冲突问题,提出"协调技术冲突,打造更具系统性和整合性的司法技术的方案"④;王禄生分析了司法大数据与人工智能技术应用的特征,包括技术特征(包括数据前置性、算法依赖性、自我适应性和领域限定性)和时代特征(包括范围全面性、功能根本性、地位关键性以及态度开放性),以及如何对司法大数据和人工智能技术应用进行伦理规制的问题⑤;刘艳红提出了大数据时代审判体系和审判能力现代化的技术路线,分为初级大数据技术路线、中级大数据技术路线以及高级大数据技术路线⑥;马明亮讨论了区块链技术融于司法的问题,并就区块链司法的定义、系统架构以及应用场景进行了阐释⑦;等等。

---

① 参见黄京平:《刑事司法人工智能的负面清单》,载《探索与争鸣》2017年第10期。
② 参见潘庸鲁:《人工智能介入司法领域的价值与定位》,载《探索与争鸣》2017年第10期。
③ 参见徐骏:《智慧法院的法理审思》,载《法学》2017年第3期。
④ 参见郑戈:《司法科技的协调与整合》,载《法律适用》2020年第1期。
⑤ 参见王禄生:《司法大数据与人工智能技术应用的风险及伦理规制》,载《法商研究》2019年第2期。
⑥ 参见刘艳红:《大数据时代审判体系和审判能力现代化的理论基础与实践展开》,载《安徽大学学报(哲学社会科学版)》2019年第3期。
⑦ 参见马明亮:《区块链司法的生发逻辑与中国前景》,载《比较法研究》2022年第2期。

其三,智慧法院建设对中国司法的影响研究。高学强分析了人工智能对我国司法改革以及司法实践的影响①;周尚君等从技术角度探讨了人工智能自主司法决策的问题,认为随着智能技术开始进入自适应学习以及自主学习阶段,人工智能的高可解释性、强泛化能力将使人工智能自主司法决策成为可能②;王福华讨论了"电子法院"对新型法院和诉讼制度的塑造,认为审判"正在被重新定义",在其看来,电子诉讼不仅能够提高诉讼效率,还能够实现法院审判资源的整合,"促进当事人与法院间形成协同型诉讼化"③;季卫东指出,现代信息(智能)技术在司法领域的应用,使得审理流程出现了"广泛而深刻的质变和突变",这种变化对"现代法治的制度安排带来了严峻的挑战"④;顾培东提出,信息技术对司法能力提升的作用越趋突出,特别是在替代司法过程中的重复性、辅助性工作,打破司法信息流通壁垒、促进法律统一适用,增强司法信息的公开和司法行为的可溯源性,优化司法资源配置以及降低诉讼成本和诉讼耗费等方面⑤;等等。近年来,随着互联网司法在线诉讼的发展,一种区别于传统诉讼模式的"新型"诉讼正悄然兴起,其如何影响传统诉讼模式、诉讼原则也受到越来越多的关注。⑥

---

① 参见高学强:《人工智能时代的中国司法》,载《浙江大学学报(人文社会科学版)》2019年第4期。
② 参见周尚君、伍茜:《人工智能司法决策的可能与限度》,载《华东政法大学学报》2019年第1期。
③ 王福华:《电子法院:由内部到外部的构建》,载《当代法学》2016年第5期。
④ 季卫东:《人工智能时代的司法权之变》,载《东方法学》2018年第1期。
⑤ 参见顾培东:《人民法院改革取向的审视与思考》,载《法学研究》2020年第1期。
⑥ 这方面的研究可以参见左卫民:《迈向数字诉讼法:一种新趋势?》,载《法律科学(西北政法大学学报)》2023年第3期;谢登科:《在线诉讼中证人出庭作证的场域变革与制度发展》,载《法制与社会发展》2023年第1期;景汉朝:《互联网法院的时代创新与中国贡献》,载《中国法学》2022年第4期;等等。

(三)研究述评

通过对前述文献的梳理,可以发现,当前针对中国司法信息化问题所作的研究或多或少存在一些问题,归纳起来,主要包括以下几个方面:

其一,在研究内容上,系统性不强。当前针对中国司法信息化问题的研究,大多局限于司法信息化建设应用的某一个方面,包括法院信息化("智慧法院")建设、运作情况的实证考察,有关司法信息化("智慧法院")建设的伦理风险与规范路径考察,探讨现代信息(智能)技术应用对司法审判以及法院运作的潜在影响等。总的来看,现有研究大多是针对司法信息化某一具体方面的研究,缺乏系统性、完整性。事实上,司法信息化是一个综合性的、系统性的工程,内容复杂、牵涉面广,仅就其某一方面的研究显然无法深入揭示法院信息化建设兴起、展开、应用的逻辑和全貌,因而很难形成有关司法信息化建设与发展的整体性知识。

其二,在研究方法上,实证性不足。在笔者看来,法院信息化既是一个理论问题,同时也是一个实践问题。研究对象的特殊性意味着研究方法必然也有其特殊性。然而如前所述,新近的诸多研究,尤其是"智慧法院"的相关研究,大多都是一种经验式的、逻辑推演式的研究,普遍面临着实证性不足的问题。通过对文献的梳理,笔者发现,当前有关法院信息化("智慧法院")问题的研究,大多采用规范的分析方法。规范研究的优势在于逻辑的严密性、研究的深入性,但缺陷在于代表性、解释力不强。此外,从研究素材来看,当前的诸多研究素材大多来自官方的披露、媒体的报道以及其他"二手"文献,具备翔实一手素材的研究并不多见(除部分信息化发展评估报告之外)。众所周知,研究素材的获取决定了研究的价值取向。缺乏翔实一手素材的研究可能无法很好地分析和解释实践中的诸多问题,甚至还可能陷入某种

"想当然"的误区:例如,将少数法院或特定地域法院的"典型"当成中国司法信息化的总体面貌,从而夸大甚至让人误信信息化、智能化带给法院的影响和冲击。事实上,当前中国不少地方法院的信息化、智能化应用还处于很初级的水平,远未达到部分学者宣称的那般发达、智能。不仅如此,实证素材的缺乏也在相当程度上加剧了当前研究的同质化问题。例如,针对"智慧法院"建设的实证考察,诸多论者就在产生背景、存在问题以及应对路径方面存在高度的类同性、相似性。这种同质性研究直接影响了我们对当前智慧法院建设真实状况的判断,也催生了智慧法院研究的学术"泡沫"。

其三,在研究维度上,缺乏连续性。当前针对司法信息化问题所作的研究大多立足于特定历史时期,本质上是一种"小历史"范畴下的研究,较少从历史变迁的角度去审视中国法院的信息化进程。在特定情形下,基于"小历史"的研究有其优势,例如研究的便捷性、研究的时效性、研究的深入性等,但缺陷也颇为明显,那就是对历史变迁问题关注不够,对司法信息化的演变逻辑和发展路径研究不深,而后者恰恰是我们把握和理解司法信息化变迁逻辑的一个前提条件,对于我们理解当下和展望未来均大有裨益。就目前来看,对人民法院信息化历史变迁的描述性研究还相对缺乏,少部分回溯性研究又存在切入视角偏窄的问题。因此,从研究维度上来看,针对我国司法信息化问题的研究,尚有进一步挖掘、推进的空间。

其四,在研究路径上,过度"技术化"。当前,在司法信息化的学术研究前沿方面,部分研究不断在"技术化""抽象化"方面"加码",司法信息化问题特别是智慧法院问题研究似乎陷入"曲高和寡"的境地。正如有论者所指出的,"已有的研究对智慧司法或者智慧法院的思考不少,但是更多进行'技术性'思考"[①]。当前,学界针对司法人工智能

---

① 程金华:《人工、智能与法院大转型》,载《上海交通大学学报(哲学社会科学版)》2019年第6期。

的研究,呈现出明显的技术主义倾向,例如过多地聚焦于大数据、人工智能、区块链等高新技术的应用对司法的冲击,探讨数据黑箱、算法歧视等法学界普遍陌生的技术性问题。作为一种研究旨趣,"技术化"的分析路径和研究取向本无可厚非,但问题是,这种过度"技术化"的分析路径有时候会造成学界的困惑,也会不自觉地将司法信息化问题引至过于具体的、技术性的问题,从而忽视司法运作过程中"人"的主体性,忽视法院作为一个纠纷解决机关、作为一个专业办案机构的特殊性。更重要的是,在这种热闹的技术话语之下,法院系统内部的诸多隐蔽性问题可能会被忽略,从而进一步加深话语和实践、现实与理想之间的隔阂感。因此,有必要反思当前过度"技术化"的分析路径,推动司法信息化研究回归"人文"。

五、研究方法

(一)历史分析方法

如同前文所述,当前的研究普遍缺乏"大历史"的思维,研究维度大多局限于特定历史时期(或某一阶段),为此,笔者认为应当对司法信息化的历史变迁进行一个纵深的、系统的梳理,这是研究我国司法信息化的一个重要理论前提。本书梳理了自改革开放以来与司法信息化建设相关的文献,其中包括历任最高人民法院院长(包括部分副院长)的讲话、工作报告以及回忆录等,最高人民法院发布的与信息化建设相关的司法文件(其中包括综合性文件和专门性文件),最高人民法院机关报(《人民法院报》)以及机关刊物(《人民司法》)有关信息化建设的报道、案例、评论等,最高人民法院的大事记以及部分地方法院的法院志、法院年鉴等。此外,本书还梳理了党的文献资料以及主要政法机关领导(包括在任和卸任)有关人民法院(政法机关)物质装备建设(信息化建设)的讲话,掌握了大量的一手材料,为厘清人民法院信息化建设的发展脉络奠定了坚实的史料基础。

(二)实证研究方法

在本书的写作过程中,笔者曾对 A 省的 B 市中级人民法院①及其下辖的 C 区人民法院②的信息化建设展开了实证调研。在 B 市中级人民法院,笔者先后访谈了信息技术室相关负责人、信息技术室的多名法官助理、某公司派驻 B 市中级人民法院的驻场运维负责人及相关工作人员、审判管理办公室(以下简称"审管办")的相关负责人以及民六庭的多名员额法官及助理,获取了大量有关法院信息化建设的生动、翔实材料。在 C 区人民法院,笔者先后调研走访了该院司法行政装备处(负责现阶段的信息化建设,前一阶段的信息化建设由办公室负责)、派出法庭、办公室、审管办、刑庭、民庭、诉讼服务中心以及档案室等,先后访谈了司法行政装备处负责信息化建设的相关人员、业务庭的员额法官及审判辅助人员、审管办的相关工作人员等。与此同时,笔者在调研过程中还获取了不少内部资料、文献,这些材料显著地增强了文章的可读性、解释力。在法院调研过程中,笔者深深意识到司法信息化在建设和应用方面的复杂性、上层话语与下层实践的差异性、学术研究与司法实践的差异性。更重要的是,通过调研,笔者意识到,实践中的法院信息化有着非常现实、非常具体的运作模式。在这种运作模式下,作为技术使用者的办案人员才是法院信息化进程中的灵魂与关键。某种意义上,法院信息化建设可能并不在于法院系统在

---

① B 市系中国西部人口大省 A 省的省会城市,截至 2021 年,常住人口超过 2000 万人,经济发展水平较高。B 市中院下辖 21 个基层法院,2021 年,B 市法院系统受理各类案件 60 余万件,审执结案件数量处于全国中级法院前列。此外,B 市中院信息化建设起步较早,其智慧法院建设具有较强的代表性,能够在一定程度上反映全国智慧法院建设的实际状况。

② C 区人民法院是 B 市中院下辖"二圈层"法院,经济发展水平一般,2021 年,C 区人民法院审执结案件数量 2 万余件,在 B 市法院系统中处于中等水平。

多大程度、多大范围应用了现代信息技术(包括人工智能技术),也不在于软硬件设备的应用在多大程度上解放了法院组织的生产力,信息化建设的核心要旨在于人—机的良好协同与配合,即信息技术能在多大程度上为司法人员提供有效的信息指引和方案输出,司法人员又会在多大程度上主动接受并服从于机器的科学性安排。

(三)规范分析方法

规范分析方法是社会科学研究的基本方法。本书的写作涉及对一些专有名词、概念的界定和阐释,例如信息化、法院信息化、智慧法院等。不仅如此,本书还涉及数量众多的法条、司法文件等,对这些材料的理解和应用都有赖于对相关法条以及文件的解读。因此,规范分析方法是本书写作过程中所借助的重要研究方法,可以说贯穿了研究的全过程。

六、主要内容

本书着重回答的问题是"信息化与中国法院变迁之间的关系",围绕这一问题,本书将重点探讨如下问题:中国法院的信息化究竟经历了什么样的历史变迁,不同历史阶段的信息化建设具有何种特点、又有何区别与联系?司法信息化兴起与发展的内在逻辑为何,旨在解决何种司法难题,达致何种司法效果?当下如火如荼的智慧司法实践,究竟是如何展开和运作的,面临何种实践困境?"技术"与"司法"究竟能够在多大程度上实现融合,信息化究竟在何种程度上重塑了传统的中国法院?

在这样的构想之下,本书的各章内容安排如下:

第一章,导论。主要讨论研究背景、研究价值、研究方法以及文献综述等。

第二章,司法信息化的历史展开。在本章,笔者将分析人民法院开展信息化建设的历史进程。根据不同时期信息化建设背景及内容的差异性,本书将人民法院的信息化进程划分为四个阶段,分别是基本装备建设时期、基础信息网络建设时期、"电子政务"建设时期和"天平工程"及此后建设时期。在不同的历史时期,人民法院的信息化建设呈现出明显的差异性。

第一阶段,即基本装备建设时期,此阶段,由于人民法院尚处于恢复重建阶段,这一时期法院的物质装备水平(包括通信手段)十分落后,对人民法院正常办公办案造成了很大的影响。但在中央和地方,"两庭建设"已经展开,最高人民法院领导也多次提出"提升法院物质装备的现代化水平"。在这样的背景下,法院系统开始配备一定数量的计算机等现代化办公设备,以实现档案管理、司法统计的"现代化"。但在这一时期,系统的信息化建设尚未展开,上下级法院间尚未实现网络互联,因此这一时期可谓是人民法院信息化的"萌芽"阶段。

第二阶段,20世纪90年代中后期到21世纪初期,随着国家重点领域积极推进信息化建设,"国民经济和社会信息化"开始成为国家战略,在此之后,国家信息化的建设步伐明显加快。[①] 这一时期,最高人民法院也适时推出了法院系统的信息化发展规划。然而,由于人民法院的信息化建设尚未被纳入国家重点领域的信息化建设项目,因此这一时期的法院信息化主要是在最高人民法院的主导下,在地方党委、政府的支持下有限展开的,这一时期的信息化建设可以说是人民法院的"自主信息化"建设阶段。在这一时期,人民法院信息化的建设重点是基础信息网络。伴随着基础信息网络建设的展开,大量的软、硬件

---

① 参见周宏仁主编:《中国信息化进程》(上册),人民出版社2009年版,第47页。

系统逐渐投入使用,人民法院的信息化开始进入一个新的发展阶段。

第三阶段,2006年,国家相继发布了三份重要的信息化建设文件,分别是《2006—2020年国家信息化发展战略》《国家电子政务总体框架》以及国家信息化领导小组《关于推进国家电子政务网络建设的意见》,人民法院开始融入国家"电子政务"建设体系中。自此之后,人民法院的信息化建设开始进入蓬勃发展时期。因此,这一阶段的信息化建设,可以说是国家重点支持下的信息化建设时期。

第四阶段,2012年前后,特别是"天平工程"正式获批立项,人民法院开始进入以数据应用为主的新阶段,司法信息化面貌焕然一新。由于前期开展的物质装备建设与技术积累,这一时期人民法院信息化的建设重点已经转向"应用",开始进入以数据(文本)开发、应用为主的阶段(包括围绕于此的智慧产品研发,莫不与此相关),笔者将此阶段概括为"数据融合发展时期"。

第三章讨论了人民法院信息化发展的内在动力。本章将从五个方面对此展开分析。从宏观层面来看,作为国家机构的重要组成部分,人民法院必须依循、适应国家的信息化发展战略,这是人民法院开展信息化建设的重要原因。从微观层面来看,为了应对日益严峻的审判执行态势,人民法院必须大力推进信息化,以解决"人案矛盾"、司法公正、审判效率不高以及执行难等问题。与此同时,强化内部管理以及促进对外沟通的迫切需要也对法院系统的信息(智能)技术运用提出了更高的要求。在这其中,法院组织规模的扩大、司法透明度不高以及司法不够便民等亦是重要的推动因素。不仅如此,司法改革的兴起与发展,客观上也要求利用信息化手段为相关改革提供技术支持;除此之外,大力推进司法信息化建设也是人民法院构建现代型法院的必由之路。人民法院信息化兴起与发展的内在逻辑表明,司法信息化的兴起以及发展并非受单一因素的影响,而是多目标、复杂因素综合作用的结果,正因如此,中国法院的信息化建设才得以在短短的三十多年里从无到有、由点到面、由弱到强。

第四章对司法信息化推进中的实践问题进行了考察。笔者以 B 市两级法院的智慧司法实践为例,通过考察发现,B 市智慧法院建设在取得一定成效的同时,也面临"三重"矛盾,包括上级规划与下级创新之间、强力推广与有限应用之间、产品使用与系统开发之间的矛盾。这些矛盾的产生与司法科层的组织目标差异、智慧法院建设的内生动力不足,以及业务专业性与技术专业性之间的摩擦密切相关。

第五章探讨了信息化对法院运作的影响。在笔者看来,信息化对法院内部的信息联结机制、司法办案体制机制以及司法管理体制机制均产生了广泛的影响:其一,信息化促进了法院内部之间的通联,打破了上下级法院之间信息的"割裂"状态,使得上下级法院之间的联系日益紧密。与此同时,信息化强化了上级法院向下"汲取"司法信息的能力,客观上将强化上级法院对下级法院的宏观指导与司法控制。其二,信息化一定程度上重塑了传统的司法形态,带来传统办案方式的变革、提升了司法效率,客观上也有利于提升案件办理的质量。其三,信息化重塑了法院的管理形态。司法信息化极大地扩展了传统司法管理的范畴,推动了司法管理的精细化,提升了有效性。但与此同时,也为司法管理主体带来新的管理事项,新增管理负担。信息化使得法官和审判辅助人员不得不经常性地处理大量的技术性工作,这在传统的司法办案中较少涉及。总之,现代信息(智能)技术应用于司法,既有其有效性的一方面,也有其有限性的一面。这启示我们,在推进司法信息化的过程中,技术是"刻板"的,而人是"能动"的。人在司法体系中始终居于核心地位,技术效应的发挥必须依赖于人的能动性,信息化功能的实现在很大程度上依赖于技术使用者的能动性及其作用。在中国的司法场域中,技术治理逻辑有可能失效,若过度重视技术而忽视人的主体性作用,纵使技术控制措施很严密、技术性能很优异,亦很难达致司法管理主体所预期的目标,法院组织及办案人员个体也很难真正从信息化进程中受益。

第六章,结语:展望未来,笔者认为,人民法院的信息化建设应进一步思考以下三个方面的问题:一是如何平衡好法院需要与公众期待的问题;二是如何看待技术改革和司法改革之间的关系,一方面,技术改革不应当取代司法改革的作用,另一方面,司法改革应为技术变革提供更多的制度支撑;三是要进一步反思当前信息化建设的推进路径,持续推进审判业务与现代信息技术的深度融合。

第二章　司法信息化的历史展开

物质装备水平是制约人民法院开展审判工作及其他工作的基础性因素,信息化水平则是衡量物质装备水平的一项重要指标。自人民法院于 20 世纪 80 年代开展零星的信息化建设实践以来,人民法院的信息化已经历了三十多年的发展历程。在这三十多年中,人民法院的信息化究竟经历了什么样的历史变迁?人民法院的信息化又是在什么样的背景下展开的?在不同历史时期,人民法院的信息化建设在内容上有何区别,呈现出何种特征?透过历史发展的维度,可以重新审视人民法院信息化发展的总体脉络,也有助于我们更加理性地看待当前正如火如荼进行的信息化建设实践。有鉴于此,本章拟对人民法院信息化的历史变迁展开系统性"考古"。

有关司法信息化的历史变迁与阶段划分问题,已有若干学者进行了研究:例如,有论者提出,法院信息化建设肇始于 20 世纪 90 年代中期,一直持续到 2013 年前后,在 2013 年之前,信息化都仅是作为法院司法行政装备管理和技术保障工作的一部分存在[①];也有论者将人民法院信息化发展阶段划分为"历史三期",分别是信息化筹备与陈词数据时期(20 世纪 80 年代到 1995 年)、自动化与考绩数据时期(1995 年

---

① 参见李鑫:《智慧法院建设的理论基础与中国实践》,载《政法论丛》2021 年第 5 期。

至 2013 年左右),以及网络与大数据时期(2013 年以后)①;等等。通过对历史文献的梳理,笔者认为,从不同时期的建设背景和建设内容来看,人民法院的信息化大致可以分为四大发展阶段,分别是:基本装备建设时期、基础信息网络建设时期、"电子政务"建设时期和"天平工程"及此后建设时期。上述阶段划分的标准主要是建设背景、建设内容以及建设特征方面的差异性。接下来,笔者将主要围绕上述三个问题展开论述。

一、基本装备建设时期

在改革开放之后一段时期内,人民法院的主要目标是完成法院的恢复重建,这一时期人民法院的物质建设重点和建设目标主要集中在基本审判物质装备的建设方面,其目的主要是为法院的审判工作创造必要的审判环境,在此基础上,适度地推进法院装备的现代化。在这一阶段,人民法院的信息化工作尚未全面展开,但在中央和地方,舆论上已经在为法院物质装备的现代化做准备,也零星出现了一些现代化办案工具的应用。从时间上来看,大致是 1978 年到 1995 年约 18 年的时间(尤其是后 10 年)。

(一)建设背景

1. "应急"领域信息化建设的展开

有论者将中国 20 世纪的信息化发展历程划分为三个阶段,分别是准备阶段(1993 年以前)、启动阶段(1993 年 3 月至 1997 年 4 月)和

---

① 参见芦露:《中国的法院信息化:数据、技术与管理》,载苏力主编:《法律和社会科学》(第 15 卷第 2 辑),法律出版社 2017 年版,第 22—50 页。

展开阶段(1997年4月之后)。① 1978年3月,在全国科学大会开幕式上,邓小平同志指出:"四个现代化,关键是科学技术的现代化。没有现代科学技术,就不可能建设现代农业、现代工业、现代国防。没有科学技术的高速度发展,也就不可能有国民经济的高速度发展。"在本次会议上,方毅同志充分肯定了计算机在我国国民经济建设中的特殊地位和作用,并把它作为国家重点发展的八大带头学科之一。20世纪80年代初,国家提出"在工业生产中大力推广应用电子信息技术",要求努力提高全党全国对信息革命和信息化的重要性的认识。1983年5月,国务院电子计算机与大规模集成电路领导小组在北京市召开全国计算机与大规模集成电路规划会议。党中央和国务院提出,要从战略高度来看待计算机和微电子学的重要性,力争在20世纪90年代,形成具有特色的计算机应用体系。

为适应新的技术革命,1984年9月,国务院提出"有重点地发展新兴产业",要求"逐步装备我国的信息产业,并以各种信息技术手段为改造传统工业服务"。② 1985年,办公自动化成为我国"七五"期间的重点开发项目。1986年6月,国务院召开全国计算机应用工作会议,提出了"以效益为中心,以微机应用为重点,以传统工业改造为内容"的工作方针。会议全面规划了12个重大信息系统建设和传统产业改造的任务。③ 1991年,江泽民同志强调,"四个现代化,哪一化也离不开信息化",要求把"推进信息化建设提高到战略地位上来"。在此之后,国家信息化建设的步伐明显加快。④

综观这一时期的信息化建设,可以发现,国家的信息化建设主要集中在有限的重点领域。事实上,正如有论者所指出的,在1997年第

---

① 参见吕新奎主编:《中国信息化》,电子工业出版社2002年版,第53页。
② 周宏仁主编:《中国信息化进程》(上册),人民出版社2009年版,第42—45页。
③ 参见周宏仁主编:《中国信息化进程》(上册),人民出版社2009年版,第46页。
④ 参见周宏仁主编:《中国信息化进程》(上册),人民出版社2009年版,第47页。

一次全国信息化工作会议召开之前,全国的信息化工作主要就是解决"应急性"的热点问题。①

2. 落后的物质装备条件制约了审判工作的开展

"文化大革命"结束之后,在较长一段历史时期,人民法院的物质装备水平十分落后,对此,相关文献有翔实的记载。1980年3月21日,时任最高人民法院院长江华在答中央电视台记者问时就曾指出:"目前,不少人民法院办案人员不足,没有审判法庭、囚车,等等。所以,依法实行公开审判还有一些实际困难。各地人民法院正在制定规划,努力克服困难,为逐步地、全面地实行公开审判,积极创造条件。"②1980年6月2日,江华在河南省视察法院工作时,再次强调:"对实行公开审判所必须具备的审判法庭等物质条件,要请党政领导切实解决。法院要有审判法庭,不然,怎么开庭审判?开个小店铺没有个门面柜台行吗?现在连柜台也没有,怎么行!要实行公开审判,得有个起码的物质条件,连个审判法庭也没有,怎么实施刑事诉讼法?"③1983年,江华在提交给中央书记处的报告中,再次吁请中央解决人民法院物质装备建设方面所面临的严重问题:

> 两省(川、滇)的法院工作中存在着许多实际问题和困难。事实上,这些问题和困难,在全国其他地方也有,是有普遍性的。有些问题,经过主观努力,改进工作,可以求得解决;也还有些问题,如人、财、物方面的一些问题,确非法院本身能够解决的,而且已经影响了审判工作的正常开展,也不能适应社会主义现代化建设的需要……当前尤其突出的问题是缺审判法庭。云南现在尚有一百多个县和大部分中级法院没有审判法庭,少数有法庭的,也是因陋就简,条件很差。川、滇两省的不少法院,审判案件只好借

---

① 参见周宏仁主编:《中国信息化进程》(上册),人民出版社2009年版,第48页。
② 江华:《江华司法文集》,人民法院出版社1989年版,第120页。
③ 江华:《江华司法文集》,人民法院出版社1989年版,第133页。

教室、租礼堂,以至在院坝、树下,临时围场子、抬桌子、搬凳子,布置临时审判法庭……交通工具也普遍缺乏。四川全省有二百三十一个法院,现在还有一百七十四个法院没有囚车,占百分之七十五。三个民族自治州的中级和基层人民法院,过去下乡办案是骑马,现在法院自己已无马,农村实行生产责任制以后,租马也租不到,只好徒步代马了。还有的法院提审犯人在押解途中乘公共汽车,或用自行车驮带,还有的如同"苏三起解",长途步行,很不安全,影响也很不好。许多法院因无交通工具,传票也送不出去。①

落后的物质装备条件,严重制约了人民法院的司法审判工作。据时任最高人民法院纪检组副组长、监察室主任蒋福康回忆:"上世纪80年代,人类社会已经进入信息时代,可法院系统信息的搜集、整理仍沿用手工方式,信息的传递也依靠邮寄,最高人民法院打市话还靠人工台转接。'严打'期间,当月的司法统计,最高人民法院要延后30~45天才能上报,落后的技术装备严重影响着最高人民法院的工作,'信息不灵,情况不明,指导不力'。"②1990年,在第七届全国人民代表大会第三次会议上,任建新在最高人民法院工作报告中也谈到:"人民法院所面临的任务同人民法院现有的审判力量之间的矛盾,案件的大量增加同业务经费不足和必要的装备紧缺的矛盾,十分突出,长期影响着审判工作的开展。"为了解决物质装备落后的问题,按照何兰阶、鲁明健的观点,这一时期,最高人民法院和地方各级人民法院采取了"一手抓工作、一手抓建设"的方针,在完成繁重的审判工作任务的同

---

① 江华:《江华司法文集》,人民法院出版社1989年版,第305—311页。
② 任建新:《最高人民法院工作报告——1990年3月29日在第七届全国人民代表大会第三次会议上》,载《人民日报》1990年4月10日,第2版。

时,努力加强法院自身的建设。① 自此,中国内地法院人、财、物的建设终于"被迫"上路了(表2-1统计了人民法院"两庭"建设的发展情况,可以看到人民法院物质装备发展的基本脉络)。②

表2-1 80、90年代人民法院"两庭"建设情况③

时间	"两庭"建设情况
1984年	全国3319个法院中,有审判法庭的只有1000多个,正在建设的有140多个,计划建设而尚未动工的有200多个,尚有近2000个法院根本未予安排
1988年	全国3000多个法院中,已建有审判法庭的仅占52%;全国15000多个人民法庭中,有近70%的人民法庭没有自己的办公用房
1990年(底)	全国已有约2/3的法院有了审判法庭,1/2的人民法庭有了基本适应需要的工作和生活用房
1992年9月	全国已建和在建审判法庭的法院共计2427个,约占全国法院总数的75%,已建和在建的人民法庭11277个,约占全国人民法庭总数的60%
1994年④	仍有20%的法院没有审判法庭

3. 法院管理现代化的提出

在较长一段时期内,人民法院完全依赖纯手工的办案方式。在这样的背景下,最高人民法院在提出解决法院基本装备的同时,提出了管理现代化的问题。⑤ 1984年4月8日,在第一次全国经济审判工作会议上,江华谈到了法院建设的现代化问题。江华指出:"现在全世界

---

① 参见何兰阶、鲁明健主编:《当代中国的审判工作》(上),当代中国出版社1993年版,第195页。

② 参见何永军:《断裂与延续:人民法院建设(1978—2005)》,中国政法大学出版社2018年版,第55页。

③ 参见1984—1992年的数据参见最高人民法院编:《人民法院改革开放三十年·大事记(1978—2008)》,人民法院出版社2008年版,第14、20、28、31页。

④ 1994年的数据参见刘会生、倪寿明:《保障改革 促进发展 维护稳定》,载《人民法院报》1994年2月7日,第1版。

⑤ 参见蒋福康:《为改善法院基本执法条件而努力》,载最高人民法院编:《人民法院改革开放三十年·文集》,人民法院出版社2008年版,第113页。

正面临新的技术革命,电子计算机的应用将普遍推广。政法工作要更好地为社会主义的四个现代化服务,它的手段也要现代化。法院里边那么多的案件,法律类型和条文那么多,没有电子计算机的帮助,仍旧沿着几千年的老手工业做法,怎么能行呢?所以法院建设的现代化,法院管理的现代化,要提到议事日程上来。特别是特区和开放的沿海城市,是社会主义民主和社会主义法制对外的窗口,更要注意这个问题。"①1984年8月1日,郑天翔在给中央的信中就提出法院要进行四个方面的改革,其中重要一点就是要"改革审判队伍的技术装备的严重落后状态,逐步装备一些现代化工具、设施,使工作方法和管理向科学化、现代化过渡"②。1985年,最高人民法院提出要实现"司法统计工作的现代化",要求"各级人民法院要抓紧配备微型计算机和传真机……逐步在全国法院系统建立现代化的统计信息计算体系"。③ 1986年12月25日,在法院系统计算机应用培训班结业典礼上,郑天翔再次谈到:"目前,法院统计还用算盘,大量的人民来信也不能及时处理;法院的司法统计比国家经委差不多要迟半年。这种落后状态,很不适应工作需要。情况不明、信息不灵、心中无数,你怎么决策?这种状况再继续下去,就要贻误我们的工作。所以,非实现办公现代化不可,目的就是提高工作质量,提高工作效率,用较少的人办更多的事。"④

(二)建设展开

1. 通信网络建设

在这一阶段,最高人民法院最开始着手解决的就是"通信问题"。1985年,最高人民法院提出了办公自动化的方针,决定在部分法院之

---

① 郑天翔:《行程纪略》,北京出版社1994年版,第394页。
② 郑天翔:《行程纪略》,北京出版社1994年版,第415页。
③ 王立文:《法院司法统计手段现代化取得进展》,载《人民法院报》1995年5月28日,第1版。
④ 郑天翔:《行程纪略》,北京出版社1994年版,第497页。

间组建传真通信网(包括最高人民法院、高级人民法院和一些大城市及沿海开放城市的中级人民法院)并推广应用微型电子计算机；与此同时,最高人民法院还召开党组会议决定引进超级小型计算机,组建局部网络。① 1986 年,最高人民法院《关于组建传真通信网有关事项的通知》发布,提出"利用公用电话线路,逐步组建法院系统的传真通信网"。通知要求,年内组织建设最高人民法院与各高级人民法院之间以及高级人民法院与所辖中级人民法院之间的传真通信网。1990 年 8 月 7 日,最高人民法院、原邮电部联合发布《关于建立全国法院系统专线通信网的通知》,开始建设由最高人民法院通往各高级人民法院的一级通信专线。法院系统一级通信专线工程系综合通信系统,含四个功能,即电话、传真、电话会议、数据通信(即计算机互联网通信)。1990 年 12 月 27 日,最高人民法院发布《关于各高级人民法院专线组网配套工程有关事宜的通知》,确定全面启动全国法院的专线组网工程,并就专线组网的技术方案、设备要求和使用功能等进行明确规定。② 1991 年,最高人民法院将完成并完善最高人民法院同各高级人民法院通信一级联网(具备话音、电话会议、传真、数据四种功能)以及"逐步实现各高级人民法院同所辖中级人民法院之间二级传真联网"等任务列入《1991 年法院工作要点》。③

2. 办公设备配备

在本阶段,基本装备建设的另一个重点是现代化办公设备的配备。据不完全统计,自 20 世纪 80 年代以来,许多法院逐渐装备电子计算机、电子打字机、复印机、传真机以及录音、录像机等现代化办公

---

① 参见最高人民法院司法行政厅三处:《努力实现法院办公自动化》,载《人民司法》1985 年第 12 期。

② 参见最高人民法院编:《人民法院改革开放三十年·大事记(1978—2008)》,人民法院出版社 2008 年版,第 25—26 页。

③ 参见《人民法院年鉴》编辑部:《人民法院年鉴·1991》,人民法院出版社 1994 年版,第 408 页。

设备,极大地改善了各级法院的办公条件。① 在计算机配备方面,根据论者的统计,在1983—1985年期间,法院系统只有个别法院引进了计算机。在1986—1990年期间,法院系统的计算机拥有量仍然十分有限,全国法院系统仅有计算机约300台,到了"八五"(1991—1995年)末期,整个法院系统的计算机拥有量已达1500余台。②

表2-2统计了这一时期浙江省某基层人民法院这一时期的物质装备建设情况,大致可以反映全国基层人民法院基本办公设备的配备状况。如表2-2所示,这一时期该法院通信条件和办公设备水平均比较落后:通信设备严重缺乏,甚至连电话都不能确保人手一部。而在现代化办公设备方面,也只有寥寥数台电子计算机、打印机。这一时期的物质装备建设仍集中在通信设备和基本办公设备上,包括电子计算机、打印机、复印机等。

表2-2 1978—1995年期间义乌法院的物质装备情况③

设备性质	时间	建设项目
通信设备	1985年	县法院迁入县前街政法大楼,装自动电话3部
	1989年10月	按有关规定,给院长和经济庭庭长住宅各装电话1部
	1991年4月	法院迁入南门街24号审判综合楼,各业务庭、科、室共有自动电话15部,人民法庭有10部
	1994年上半年	自动电话改为程控电话;给副院长、办公室主任、政工科长各装住宅电话1部
	1995年8月	给各庭长或主持工作的副庭长装住宅电话共15部,给院长购置移动电话1部
	1993—1995年	给每个干警配置中文BP机或数字BP机1部,部分庭配置了移动电话
	1992年	购置首台电传真机

---

① 参见郭纪胜:《法院建设十年面面观》,载《人民司法》1992年第7期。
② 参见陈健:《司法公正与法院信息化》,载《中国计算机用户》1999年第22期。
③ 参见义乌法院志编纂委员会:《义乌法院志》,中国文史出版社2012年版,第367页。

(续表)

设备性质	时间	建设项目
办公设备	建院初始	办公设备十分简陋,各种函件大多靠人工抄写,法律文书用钢板刻写油印,计算统计使用算盘,效果差,效率低
	1957年	县公、检、法三家联合购置铅字打字机1台,结束了钢板刻写的历史
	1979年	法院单独购置铅字打字机,改变了排队等打印的状况
	1987年	法院购置四通MS-2402中文电子打字机1台
	1991年	购置XL-PC华光电脑打字机1台,MCG8-1030油印机1台
	1994年	购置1台OCPET386电脑用于打字

3. 少量软件系统的开发与应用

在本阶段,在最高人民法院的大力推动下,法院系统自上而下开展了部分软件系统的开发和应用工作。1992年,最高人民法院发布《法院系统应用计算机进行人事档案管理和统计工作的暂行规定》,要求"法院领导和有关部门,要重视此项工作,并在物质和技术装备方面予以支持。各级法院在配备计算机时,应做到统一机型、统一软件,以逐步实现在系统内应用计算机进行人事档案管理和远程数据通信"。不仅如此,最高人民法院还主导开发了其他应用系统。根据论者的统计,在"八五"末期,法院系统已经拥有1500余台计算机并已开始应用于信息处理及法院管理,全国有1200余家法院采用最高人民法院自主开发的司法统计管理系统。①

在地方上,河北省高级人民法院主导开发的"微机刑事、民事诉讼档案管理系统"于1987年8月11日通过了原河北省科委主持的省级鉴定,该系统为民事诉讼档案管理提供了一整套的科学方法,显著减

---

① 参见陈健:《司法公正与法院信息化》,载《中国计算机用户》1999年第22期。

轻了档案管理人员的劳动强度①；上海市闵行区人民法院于1987年开始了"诉讼档案电脑管理"的研制工作，1990年，该院研制的"基层法院诉讼档案管理系统"通过了市级鉴定；1991年，该院成立了电脑管理研制小组，开始了"法院诉讼案件管理系统"的研发，并最终完成了"基层人民法院信息综合动态管理系统"的开发工作②；等等。

(三)建设特点

1. 以改善法院基本通信条件为首要目标

通过考察这一时期的信息化建设实践，可以发现，这一阶段的信息化建设重在促进各级法院之间的通联。由上文分析可知，本阶段的信息化主要是围绕通信手段的建设展开的，这从最高人民法院发布的相关通信网络建设文件以及人民法院年度工作要点中，均可清晰地看出。前述特点的出现，与这一时期人民法院十分落后的信息、通信条件密切相关。前述问题的存在，不仅导致最高人民法院无法及时了解地方各级法院的实际情况，也使得地方各级法院无法及时将各类信息传递到最高人民法院。"信息不灵"导致"情况不明"，也进一步导致了"指导不力"。因此，迫切需要改变信息通讯条件。

2. 计算机应用尚处于初级阶段

在最高人民法院的相关内部会议上，最高人民法院提出"院内的司法统计和信访工作做试点，微机进行管理"③。最高人民法院司法行政厅三处在1985年的报告中也谈到："在院党组的领导和支持下，经过一年的努力……完成了司法统计报表、机关工资管理和业务档案管理等三个软件的开发工作，前两项已经成功地投入了实际

---

① 参见河北省高级人民法院：《功能齐全的微机诉讼档案管理系统》，载《人民司法》1987年第10期。
② 参见张荣根：《电脑管理法院 科技促进审判》，载《人民司法》1997年第2期。
③ 蒋福康：《为改善法院基本执法条件而努力》，载最高人民法院编：《人民法院改革开放三十年·文集》，人民法院出版社2008年版，第113页。

应用。"①

而在地方上,受硬件和软件条件的制约,计算机应用同样局限在有限领域。有论者谈到,在1986—1990年期间,计算机已经用于文字处理、财务管理以及其他事务处理等,该论者将其定义为"事务处理阶段"。而到了"八五"末期,计算机应用已经开始转向信息处理及法院管理方面。根据统计,司法统计管理系统(最高人民法院研发)已经得到1200余家法院的采用。② 总体来看,在本阶段,电子计算机的应用范围相对有限。前文谈到的河北省高级人民法院、上海市高级人民法院、上海市闵行区人民法院等开展的软件系统研发,几乎都局限于诉讼档案管理领域,其他地方的法院亦存在类似的情形。例如,1986年,江苏省高级人民法院在全省法院系统率先配置第一台个人电脑和第一台四通打字机,就专门用于司法统计、人事档案管理、工资管理、文稿打印。③ 同时期,福建省高级人民法院应用微型计算机进行每月的司法统计报表工作。④

总的来看,虽然这一时期不少法院已经开始配备了以计算机为代表的现代化办公设备,但对计算机的利用尚处于非常初级的阶段,实质上没有超出司法管理的范畴。⑤

---

① 最高人民法院司法行政厅三处:《努力实现法院办公自动化》,载《人民司法》1985年第12期。
② 参见陈健:《司法公正与法院信息化》,载《中国计算机用户》1999年第22期。
③ 参见江苏省地方志编纂委员会:《江苏省志(1978—2008)·审判志》,江苏人民出版社2012年版,第267页。
④ 参见最高人民法院司法行政厅三处:《努力实现法院办公自动化》,载《人民司法》1985年第12期。
⑤ 在孙笑侠看来,从20世纪90年代中后期到21世纪初,我国法院的信息化建设都属于"办公配备"的概念范围。参见孙笑侠:《论司法信息化的人文"止境"》,载《法学评论》2021年第1期。

二、基础信息网络建设时期

在笔者看来,人民法院信息化的第二阶段是"基础信息网络建设时期",时间维度大致是 1996—2005 年。①

(一)建设背景

1. 重点领域信息化转向国民经济和社会信息化

在 1995 年前后,中国的信息化建设逐渐由"应急"领域转向国民经济和社会领域。1995 年 9 月,中共十四届五中全会通过了《中共中央关于制定国民经济和社会发展"九五"计划和 2010 年远景目标的建议》,首次提出加快国民经济信息化进程战略。② 1997 年 4 月,第一次全国信息化工作会议在深圳举行。按照论者的观点,此次会议③的召开标志着全国的信息化工作开始从解决应急性的热点问题,逐步转移到有组织、有计划地为国民经济和社会发展服务的轨道上来。④ 2000 年 10 月,中国共产党第十五届中央委员会第五次全体会议通过《中共中央关于制定国民经济和社会发展第十个五年计划的建议》,提出"大力推进国民经济和社会信息化,是覆盖现代化建设全局的战略举措"。在此之后,《国民经济和社会发展第十个五年规划信息化发展重点专项规划》(2002 年)、《国民经济和社会信息化专项规划》(2002 年)和国家信息化领导小组《关于我国电子政务建设的指导意见》(2002 年)

---

① 2012 年以前的司法信息技术应用只是办公设备,其主导价值是法院和法官的工具性"效率"。参见孙笑侠:《论司法信息化的人文"止境"》,载《法学评论》2021 年第 1 期。
② 参见《改革开放 40 年——中国信息化发展大事记》,载《中国信息界》2018 年第 5 期。
③ 也有观点认为,1997 年 4 月召开的全国信息化工作会议是我国信息化展开阶段的标志。参见吕新奎主编:《中国信息化》,电子工业出版社 2002 年版,第 53 页。
④ 参见周宏仁主编:《中国信息化进程》(上册),人民出版社 2009 年版,第 48 页。

等重要信息化建设文件陆续发布,标志着国家信息化发展战略重心的变化,信息化建设开始全面转向国民经济和社会领域,实际上是全领域的信息化建设。在此期间,政务系统的信息化建设问题逐渐被提上议程,其标志就是"政务上网工程"的展开,自此之后,政务领域的信息化建设开始快速发展。

2. 基本装备条件改善,"信息孤岛"问题产生

就人民法院而言,在前一阶段的信息化建设过程中,人民法院在基本装备建设方面已经得到了较大的改善。以湖北省法院系统为例,截至1994年6月,湖北省人民法院办公自动化已具雏形,多数法院达到了"五机"(传真机、四通打字机、程控交换机、对讲机、摄像机)、"三车"(指挥车、囚车、办案工作车)配套。① 又以河北省法院系统为例(见表2-3、表2-4),截至1996年,河北省高级人民法院已经拥有微机15台,电脑打字机5台,开通了与最高人民法院和各中级人民法院的一、二级联网。所有中级人民法院均已配备了微机,其中最少的有5台,最多的有35台,平均每个中级人民法院拥有12.6台,廊坊市中级人民法院甚至已经实现微机管理。不仅如此,部分法院已经建设了局域网站,运行了以司法统计、档案管理为代表的软件系统,人民法院开始逐渐告别传统的纯手工办案方式,初步实现办公现代化。

然而需要指出的是,除个别法院已经建成局域网之外,全国绝大多数法院还没有开始局域网建设,全国法院无法实现"网络互联"。事实上,正如有论者指出的,尽管许多法院陆续购进了高档的计算机,但这些计算机在实际工作中的应用范围却很小,"只是用于打字和法律、行政文书的编辑,有被沦为打字机的可能"。该论者谈到,有的法院虽然引进了计算机,但是由于没有联网导致数据无法进行交换与处理,

---

① 参见吴中全、李智华:《湖北法院基础设施建设成效显著》,载《人民法院报》1994年7月14日,第1版。

成为一个个"信息孤岛"①。同一时期广西壮族自治区的部分法院也面临类似的情况,据论者透露,某法院引进的电脑主要用于庭审记录、文书打印、数据统计等事务性工作,整体应用程度很低。21世纪初,全广西只有极少数法院(南宁中院、柳州中院)建立了局域网,且应用范围比较小。② 在四川省,由于缺少网络、硬件以及办公管理软件,微机主要也是应用于文字处理和司法统计方面。③ 在这样的背景下,如何打破"信息孤岛","使计算机技术更好地为审判工作服务,是摆在每个法院面前的一个迫切的问题"。④

表2-3　1996年河北省人民法庭装备情况⑤

各地、市中级人民法院	区、县法院数	人民法庭数	装备情况							
			汽车数	摩托车数	自行车数	电话数	BP机数	电视机数	照相机数	录音机数
石家庄市	24	118	25	286	12	62	57	4	1	1
邢台市	19	98	13	198	53	40	12	5	1	1
邯郸市	19	101	46	120	4	82	1	2	2	2
衡水地区	11	87	11	145	86	36	15	3	10	8
沧州市	17	95	31	204	21	67	16	5	2	9
唐山市	15	104	29	232	3	113	42	64	14	25
秦皇岛市	8	54	3	72	18	44	2	8	2	1
保定市	25	161	56	303	100	128	44	44	10	29

---

① 参见刘育芳:《计算机局域网络在法院系统中的组建与应用》,载《人民司法》1998年第9期。
② 参见柳州市鱼峰区人民法院:《关于人民法院信息化建设与应用的调研报告》,载广西壮族自治区高级人民法院编:《广西法院优秀调研成果》(2009年卷),第511页。
③ 参见代正伟:《法院信息化建设现状及问题分析》,载中国法院网(https://www.chinacourt.org/article/detail/2004/11/id/141805.shtml),访问日期:2020年2月10日。
④ 参见刘育芳:《计算机局域网络在法院系统中的组建与应用》,载《人民司法》1998年第9期。
⑤ 参见河北省高级人民法院:《河北省人民法院年鉴(1993—1997)》(内部资料),石家庄众鑫包装印刷有限公司1999年印刷,第1364—1365页。

(续表)

各地、市中级人民法院	区、县法院数	人民法庭数	装备情况							
			汽车数	摩托车数	自行车数	电话数	BP机数	电视机数	照相机数	录音机数
廊坊市	9	84	15	132		49	7		7	20
张家口市	17	95	3	113	11	79	10	36	6	12
承德市	11	87	24	130	7	80	27	14	8	16
合计	175	1084	256	1935	315	780	233	185	63	124

表 2-4　同时期河北省高级、中级人民法院装备情况①

法院层级	法院名称	现代办公设备装备情况
高级人民法院	河北省高级人民法院	各种汽车 30 辆,微机 15 台,电话交换机 1 部,开通了与最高人民法院和各中级人民法院的一、二级联网。有摄像机 2 台,照相机 14 架,复印机 3 台,电脑打字机 5 台,速印机 1 台
中级人民法院	石家庄市中级人民法院	车辆 29 辆,微机 10 台,程控交换机 1 部,外线 58 条,中继线 40 条,传真线 2 条,摄像机 1 台,照相机 2 架,四通打字机 4 台,速印机 1 台
	唐山市中级人民法院	车辆 23 辆,微机 17 台,电话 35 部,摄像机 1 台,照相机 1 架,一体化印刷机 1 台,传真机 1 台
	秦皇岛市中级人民法院	汽车 16 辆,微机 10 台,电话 60 部,摄像机 2 台,速印机 1 台,复印机 1 台,传真机 1 台
	邯郸市中级人民法院	车辆 22 辆,微机 8 台,电话总机 1 部,摄像机 1 台,照相机 3 架,录音机 2 台,家庭影院 1 套,复印机 1 台,传真机 1 台
	邢台市中级人民法院	车辆 30 辆,微机 5 台,程控交换机 1 部,电话 110 部,摄像机 1 台,照相机 5 架,打字机 2 台,打印机 1 台,复印机 1 台,传真机 2 台,印刷一体机 1 台,速印机 1 台

---

① 参见河北省高级人民法院:《河北省人民法院年鉴(1993—1997)》(内部资料),石家庄众鑫包装印刷有限公司 1999 年印刷,第 1441—1442 页。

（续表）

法院层级	法院名称	现代办公设备装备情况
中级人民法院	保定市中级人民法院	车辆13辆,微机15台,电话101部,对讲机20部,手机10部,摄像机1台,照相机3架,打字机5台,打印机2台,速印机2台,复印机1台
	张家口市中级人民法院	微机7台,电话22部,手机2部,摄像机1台,打字机5台,复印机1台,速印机2台
	承德市中级人民法院	车辆16辆,微机7台,电话、手机38部,摄像及文印设备5台
	廊坊市中级人民法院	车辆17辆,微机35台(已实现微机管理),电话43部,手机10部,摄像机1台,照相机4架,复印机1台,速印机1台,电脑打字机3台
	沧州市中级人民法院	车辆18辆,微机11台,电话30部,移动电话5部,照相机3架,复印机1台,油印机1台,电脑打字机2台
	衡水市中级人民法院	车辆14辆,微机14台,程控交换机1部,电话128部,手机16部,摄像机2台,照相机3架,打印机2台,速印机1台

(二)建设展开

1.硬件建设

经过上一阶段的建设,人民法院已经初步实现了物质装备的现代化。然而正如前述,这种装备水平依然不够高,远未实现法院工作的全部计算机化。因此,这一阶段是人民法院现代化办公设备的持续建设时期。接下来,笔者仍将以浙江省一基层人民法院的物质装备发展史来简要进行说明。由表2-5可以看到,与上一阶段不同,本阶段义乌市人民法院的物质装备(办公设备)水平显著提高。截至1994年,该院尚仅有数量有限的电脑打字机。2000年,市政府拨款50万元为法院配置57台电脑,使得全院电脑增至69台。进入2002年,该院的电脑数量达到百台,正式干警基本上人手一台。到2008年,该院的电脑数量已达到115台。不仅如此,该院还购置了为数不少的激光打印机、复印机、速印机、扫描仪等,办公设备配备水平显著提高。除此之外,在这一时期,一些法院还开启了"科技法庭"建设。①

表 2-5 本阶段义乌市人民法院办公设备装备情况②

	时间	建设项目
办公设备	1999 年	市委政法委下拨 4 万元专款,支持法院对执行案件实行电脑化管理
	2000 年	市政府拨款 50 万元给法院购置电脑 57 台,使全院电脑增至 69 台。是年,院机关进行局域网布线和联网,各法庭也实现庭内联网,庭审记录电脑化在各庭推广开
	2002 年	全院电脑达到百台,正式干警基本上人手一台。法庭的网络连接基本畅通,全院电脑实现联网,办案实现电脑流程管理。市财政拨入追加自动化办公经费 82 万元,更新审判流程管理软件,改进法庭联网的线路。引进电子印模适用软件,实现法庭裁判文书用印电子化;通过审限、执限的计算机自动跟踪、警示,实现流程管理网络化;引进法律法规电子查询系统软件,实现法律、法规查询电子化;通过网上发布文件、通知、指令、信息,初步实现公文流转电子化
	2004 年	投入资金 47.1 万元,采购服务器、数据库、电脑等。是年,义乌市人民法院与金华市中级人民法院及市内兄弟法院之间实现计算机联网
	2005 年 5 月	义乌市人民法院外部网站建成开通,成为金华市第一家基层法院网站
	2006 年 1 月	义乌市人民法院与金华市中级人民法院、省高级人民法院三级互联网开通。义乌市人民法院对审判管理软件软、硬平台及时进行升级,不断加强信息网络建设
	2008 年	全院共有电脑 115 台、激光打印机 41 台、复印机 7 台、速印机 2 台、扫描仪 16 台

---

① 参见王世民:《稳步推进信息化在审判工作中的全面应用》,载《人民司法(应用)》2007 年第 17 期。

② 参见义乌法院志编纂委员会:《义乌法院志》,中国文史出版社 2012 年版,第 367—368 页。

2. 信息网络建设

1996年,在人民法院信息化建设历史中,是非常关键的一年。在这一年的全国人大会议上,时任最高人民法院院长任建新提出,到2000年,"交通、通讯等设施有较大的改善,逐步实现办公现代化"。1996年5月,最高人民法院召开"全国法院通信及计算机工作会议"并观摩南京市中级人民法院的计算机网络系统,布置全国法院的计算机网络建设工作,确定北京市、上海市等八个高级人民法院及其所辖人民法院作为全国计算机网络系统建设的试点单位。本次会议制定了《全国法院计算机信息网络建设规划》。在有论者看来,本次会议标志着"人民法院信息化工作的起步"①。

《全国法院计算机信息网络建设规划》是法院系统发布的第一个有关计算机网络建设的专项规划。根据规划,1996年到2000年要完成一级网(最高人民法院到省级人民法院的计算机联网)和网管中心建设及部分二级网建设;2001年到2005年则要完成二级网建设(省级人民法院到中级人民法院的计算机联网)及部分三级网建设;2006年到2010年要完成三级网建设(中级人民法院到基层人民法院的计算机联网)。除此之外,1996年发布的《法院物质建设"九五"计划》也对网络建设问题进行了规划。《法院物质建设"九五"计划》指出,要"积极进行计算机局域网的建设和广域网的规划,开发审判工作网络系统软件,推动计算机网络建设,实现信息交流网络化"。《法院物质建设"九五"计划》明确了"九五"期间以及2010年的建设目标,提出在"九五"期间各高级人民法院和大中城市中级人民法院建成局域网,并开展计算机广域网的联网试验,到2010年,建成法院系统计算机广

---

① 有观点认为,2000年底以前的阶段,探索了"刑事、民事、行政、执行、国家赔偿、审判监督等审判信息和办公、外事、人事、司法行政等行政信息的计算机管理,在管理法院审判工作和其他各项工作中发挥了一定的作用"。参见周宏仁主编:《中国信息化进程》(下册),人民出版社2009年版,第855页。

域网。

在此之后,1999 年发布的《人民法院五年改革纲要》对前述信息网络建设规划进行了部分调整,提出"用 3 年时间实现最高人民法院与高、中级人民法院之间的计算机联网,力争 5 年内建立全国法院计算机网络系统"。2002 年最高人民法院发布的《人民法院计算机信息网络系统建设规划》提出了"十五"期间(2001—2005 年)全国法院计算机信息网络系统建设的总目标。根据规划,各高级人民法院、中级人民法院以及基层人民法院应分别于 2003 年底前、2005 年底前基本完成计算机局域网建设,通过验收并与最高人民法院广域网互联。该规划与《人民法院五年改革纲要》的相关内容基本吻合。

表 2-6　本阶段重要的信息化建设文件

发布时间		文件名称
1996 年	199606	《全国法院计算机信息网络建设管理暂行规定(试行)》
	199606	《全国法院计算机信息网络建设规划》
	199607	《法院系统物质建设"九五"计划和 2010 年远景设想的意见》
1999 年	199910	《人民法院五年改革纲要》
2000 年	200006	《最高人民法院裁判文书公布管理办法》
2001 年	200108	《国家"十五"计划期间人民法院物质建设计划》
	200112	最高人民法院办公厅《关于改进人民法院公告发布工作的通知》
2002 年	200201	《人民法院计算机信息网络系统建设规划》
	200201	《人民法院计算机信息网络系统建设管理规定》
	200211	《人民法院信息网络系统建设技术规范》
	200211	最高人民法院《关于人民法院法庭专用设备配置的意见》

(续表)

发布时间		文件名称
2003 年	200309	《人民法院信息网络系统建设实施方案》
	200311	《中国审判法律应用支持系统》
	200312	最高人民法院《关于落实司法为民要求做好司法行政工作若干问题的意见》
2004 年	200410	《关于进一步加强人民法院基层建设的决定》
2005 年	200501	最高人民法院《关于进一步规范法院公告发布工作的通知》
	200507	最高人民法院《关于规范高级人民法院向最高人民法院报送案件卷宗材料工作的通知》
	200509	最高人民法院《关于全面加强人民法庭工作的决定》
	200510	《人民法院第二个五年改革纲要(2004—2008)》
	200512	《国家"十一五"规划期间人民法院物质建设规划》

3. 日渐增多的软件系统

如前所述,在上一阶段,人民法院已经在司法统计、诉讼档案管理等领域应用了计算机。但是这种应用范围十分有限,大多数属于司法管理范畴。因此,本阶段在重点推进基础信息网络建设的同时,也进一步突出计算机软件的开发和应用。例如,《法院物质建设"九五"计划》(1996 年)就提出"开发审判工作网络系统软件,推动计算机网络建设,实现信息交流网络化……建立完善的审判工作信息管理系统,充分发挥现代化技术装备的作用,推广使用先进的审判工作管理和办公自动化软件系统,开展技术服务,为审判工作提供多层次、多方位信息服务"。《国家"十五"计划期间人民法院物质建设规划》(2001 年)也谈到要"根据审判工作的特点和实际需要,最高人民法院将……开发全国法院统一使用的档案管理、人事管理、司法统计、法律法规查询等管理系统软件";《人民法院计算机信息网络系统建设规划》(2002 年)提出要在信息管理系统和司法统计系统方面加强研发和应用;等等。在此背景下,一大批办公办案软件系统相继投入研发并开展实践运用。

在工作层面,最高人民法院也不断加大软件系统应用的推广力度。2003年,最高人民法院办公厅发布《关于推广配备〈中国审判法律应用支持系统〉的通知》,要求"各级人民法院应当充分认识到推广配备《中国审判法律应用支持系统》的重要性,把这项工作纳入法院信息化建设的重要议事日程,切实做好《中国审判法律应用支持系统》的配备使用工作"。该通知还对各级法院的配备进度进行了安排,规定"全国高、中级法院及基层法院应在明年6月底前完成配备工作,人民法庭于明年年底前配备完成",等等。

在地方,不少法院也开始积极推进各类软件系统的研发和应用。例如,江苏省高级人民法院与南京大学于1998年2月签订开发合同,历时8个多月,成功开发出"综合信息管理系统"。1998年10月8日,该系统开始在部分综合部门和刑事审判庭、民事审判庭使用,1999年4月,该系统进一步在省法院各部门全面投入使用,最终得以在全省范围内推广。2001年,全省法院在综合信息管理系统的基础上先后增加诉讼信息、办公事务、司法行政、党政人事公文流转等模块。[①] 又比如,浙江省义乌市人民法院于2002年实现了全院电脑联网,"办案实现电脑流程管理"。不仅如此,该院还实现了裁判文书用印电子化,流程管理网络化,法律、法规查询电子化以及公文流转电子化等(参见表2-5)。再比如,上海市松江区人民法院2000年开始执行案件流程管理的探索、福建省厦门市湖里区人民法院2003年成功开发了执行信息管理系统、北京市部分法院2004年开通运行了人民法庭远程立案系统(见表2-7),等等。

[①] 参见江苏省地方志编纂委员会:《江苏省志(1978—2008)·审判志》,江苏人民出版社2012年版,第268页。

表 2-7　第二阶段开展的信息化建设项目①

时间	省份	建设项目
2001 年	北京市	建设计算机网络宽带专网,全市法院可以快速实现审判数据的录入和汇总。当时是中国法院第一网,也是全国法院系统中技术最为先进的专用网络
2004 年		远程立案系统在 13 个人民法庭开通运行
1996 年	上海市	成立上海法院系统科技工作领导小组,同年完成《上海法院综合管理信息系统》的开发并试运行,并在全国法院率先开通至最高人民法院的 64K 长途专线。开发了多媒体触屏公众咨询服务系统
2000 年		上海市松江区人民法院首先开始执行案件流程管理的探索
2001 年		上海部分基层法院开始探索基层协助执行网络执行机制
2003 年		开发审判系统软件,对案件从立案、送达、排期、开庭、结案、执行、归档等各个节点实行全程跟踪,动态管理,最大限度地管住审限
2004 年		全市法院广域网实现从 DDN 专线向公务网光纤网的迁移,网络宽带从 64K 提高到 10M。上海市高级人民法院与最高人民法院的全国法院一级专网开通。在软件建设领域,大信访系统和委托拍卖、法律文书检索中心开发完成并投入运行
2006 年		建成刑事、民事、物业、借贷简易案件文书电脑自动生成系统。全市法院视频会议系统建设完成,部分法院建设完成证人作证系统
2006 年	江苏省②	省高级人民法院与全省 123 个人民法院全部建成计算机局域网并联通广域网。省高级人民法院、13 个中级人民法院、110 个基层人民法院实现计算机网络互联、专线电话互通和数据共享,并实现与全国法院系统专线通讯联网。全省现有 232 个人民法庭都联入广域网,并实现了网上立案、远程电子签章
2007 年		全省 244 个人民法庭中,已有 222 个实现与所在法院的联网,有 210 个人民法庭可以网上立案、启用电子印章系统

---

① 以上内容分别参见最高人民法院编:《人民法院改革开放三十年·大事记(1978—2008)》,人民法院出版社 2008 年版,第 142—143、179—184 页。

② 参见最高人民法院编:《人民法院改革开放三十年·大事记(1978—2008)》,人民法院出版社 2008 年版,第 190—191 页。

(续表)

时间	省份	建设项目
2003年	福建省[1]	福建省厦门市湖里区人民法院开发执行信息管理系统。2004年6月22日,厦门市中级人民法院召开会议,在厦门法院推广"执行信息管理系统"。2004年7月29日,最高人民法院执行指挥办公室在湖里区人民法院召开"全国法院执行信息现场会",在全国法院推广执行信息管理系统
2004年		制定《福建省高级人民法院审判流程信息网络化管理办法》
2005年		福建省人民法院全部完成计算机局域网建设。全面建成联通全省三级法院的广域专网,实现了计算机数据、语音和图像的三网合一。开通了全省法院视频会议系统,部分基层法院还开通派出法庭的专网,实现了法院快讯、公文、简报等信息网上发布,法律、法规数据库共享,法院之间信息网络远程传输和交换,人民法庭远程电子签章、执行案件信息网络公开互动
2004年	山东省[2]	提出3年内基本实现全省人民法庭"设置规范化、建设标准化、审判规范化、管理制度化、装备现代化"的"五化"目标。截至2008年,全省法院共有人民法庭549处,全部达到了"五化"标准
2006年	广西壮族自治区[3]	召开全区各级法院二级专网建设工作会议,会议把二级专网建设列入法院工作的重要议事日程,建立信息化工作领导机构
2006年	重庆市[4]	全面推进信息化建设。重庆法院二级网一期工程基本完工,连接全市45个法院的线路全部开通,网络和视频设备安装、调试工作全面完成并正式开通视频功能。2006年年内,二级网的语音、数据功能全面开通

---

[1] 参见最高人民法院编:《人民法院改革开放三十年·大事记(1978—2008)》,人民法院出版社2008年版,第209—211页。

[2] 参见最高人民法院编:《人民法院改革开放三十年·大事记(1978—2008)》,人民法院出版社2008年版,第220—221页。

[3] 最高人民法院编:《人民法院改革开放三十年·大事记(1978—2008)》,人民法院出版社2008年版,第243页。

[4] 最高人民法院编:《人民法院改革开放三十年·大事记(1978—2008)》,人民法院出版社2008年版,第250页。

(续表)

时间	省份	建设项目
2001 年	贵州省①	贵州省高级人民法院计算机局域网络系统正式开通使用
2005 年		贵州省法院信息化建设工作全面启动。贵州省法院局域网建设一期工程招标合同签订仪式在贵州省高级人民法院举行
2007 年		全省法院系统"二级专网数据传输系统"开通

(三) 建设特点

1. 缺乏国家专项建设规划支持的信息化建设

如同前文所述,政务系统的信息化建设普遍开始得比较晚,不仅如此,政务部门的信息化建设主要集中在政府系统,法院系统的信息化建设在一段时期内没有受到足够重视。事实上,在多次召开的全国性信息化工作会议上,甚至看不到"法院""司法机关""司法系统"的字眼。在一段时期,法院的信息化建设也没有被纳入国民经济和社会信息化的重点建设项目。例如,1995 年 5 月 26 日,在全国科技大会上,时任国务院总理李鹏提出"在财务、税收、商业、贸易、交通运输等社会服务领域广泛应用计算机技术,加快国民经济信息化进程"②,其中就不包括司法机关。不仅如此,2002 年中共中央办公厅、国务院办公厅《关于转发〈国家信息化领导小组关于我国电子政务建设指导意见〉的通知》中提出加快 12 个重要业务系统的建设,其中也不直接涉及司法机关。③ 可以说,从 20 世纪末到 21 世纪初,法院信息化建设基本处于国家信息化总体战略中的边缘位置。在这样的背景下,人民法

---

① 最高人民法院编:《人民法院改革开放三十年·大事记(1978—2008)》,人民法院出版社 2008 年版,第 262—264 页。
② 周宏仁主编:《中国信息化进程》(上册),人民出版社 2009 年版,第 48 页。
③ 这 12 个重要业务系统有两部分:一是继续完善已取得初步成效的办公业务资源系统、金关、金税和金融监管(含金卡)4 个工程;二是启动和加快建设宏观经济管理、金财、金盾、金审、社会保障、金农、金质、金水 8 个业务系统工程建设。可以看到,司法机关的电子政务建设并不在国家重要业务系统的建设项目之中。

院的信息化建设不得不更多地依靠地方党委、政府的支持,在"两庭建设"的范畴内规模有限地展开。

2. 以促进法院间网络互联为重要内容

通过对本阶段信息化建设内容的梳理可以发现,在这一时期,信息网络是人民法院信息化的建设重点。其中的原因,正如笔者前文谈到的,随着人民法院基本装备条件的改善,人民法院信息化的目标不再局限于结束手工办案,而是要利用计算机网络开展司法管理和辅助办案。而前述两项工作的开展,都依赖于网络系统的建设和升级,以打破"信息孤岛",促进司法数据的流通和共享。不仅如此,21世纪初最高人民法院"公正"和"效率"两大主题的提出,客观上也对法院间信息网络的通联提出了更高的要求。因此我们看到,基础信息网络建设在本阶段扮演十分重要的角色。

3. 以"对内管理"为主的软件开发与应用

梳理本阶段各级人民法院所开发的软件系统可以发现,大多数软件系统都具有明显的"对内"管理属性。如表2-7所示,事实上,除少数法院开发了具有对外沟通、服务功能的应用系统外(例如上海市部分法院开发的多媒体触屏公众咨询服务系统,江苏省部分法院开发的网上远程立案、电子印章系统等),其余大多数应用系统主要都是为了满足人民法院对内管理的需求(兼顾部分办案需求)。例如,《人民法院计算机信息网络系统建设规划》在总结"九五"期间的信息化建设成就时就提到,北京、辽宁、上海、江苏等八个高级人民法院实现了以"审判流程管理"为代表的法院审判工作和其他工作的信息化管理;最高人民法院的相关资料也显示,截至2002年,在我国沿海甚至内地许多法院,运用计算机管理系统进行立案排期、法规查询、文书制作、司法统计、审判监督等已逐步实现。[①] 除此之外,《国家"十一五"规划期

[①] 参见王世民:《对新世纪法院司法行政工作的几点思考》,载《人民司法》2002年第1期。

间人民法院物质建设规划》也指出,"信息化建设在审判管理中广泛应用,在确保司法公正、提高审判质量和效率等方面发挥着重要作用",等等。

三、"电子政务"建设时期

在经历基础信息网络建设时期之后,人民法院的信息化开始进入新的发展阶段,笔者将其界定为"电子政务"建设时期,时间维度大致是2006—2013年。

(一)建设背景

1. "电子政务"在中国的兴起与发展

自20世纪80年代开始,我国开展了以办公自动化为主要内容的政府信息化。1993年,国务院成立了国民经济信息化联席会议,确立了以"三金工程"为代表的管理信息系统建设,按照论者的观点,由此开启了我国新一轮推动政府信息化的浪潮。[①] 1999年1月,国务院41个部委倡议发起"政府上网工程",我国电子政务建设由此拉开序幕。[②] 2002年8月,国家信息化领导小组《关于我国电子政务建设的指导意见》正式出台。2006年,中共中央办公厅和国务院办公厅发布《2006—2020年国家信息化发展战略》、国家信息化领导小组发布《国家电子政务总体框架》,从战略高度明确了电子政务的发展思路、目标和重点。[③] 在此之后,国家陆续发布了多份"电子政务"建设规划,例

---

① 参见高新民:《电子政务进入新阶段》,载《人民日报》2002年5月11日,第7版。
② 参见王天星、王亚琴:《电子政务与行政诉讼》,载《人民司法》2002年第11期。
③ 参见张守增、杜汉生:《最高法出台〈决定〉全面加强法院信息化工作》,载中国发展门户网(http://cn.chinagate.cn/law/2007-08/03/content_8624830_3.htm),访问日期:2019年11月18日。

如国家信息化领导小组《关于推进国家电子政务网络建设的意见》（2006年）、《国家电子政务"十二五"规划》（2012年）、《"十二五"国家政务信息化工程建设规划》（2012年），等等。

2. 人民法院融入国家"电子政务"建设体系

2006年出台的《国家电子政务总体框架》提出，推行电子政务是国家信息化工作的重点，是深化行政管理体制改革的重要措施，是支持各级党委、人大、政府、政协、法院、检察院履行职能的有效手段。根据《国家电子政务总体框架》，"司法保障"等业务成为"十一五"规划期间"优先支持"项目。这是人民法院首次出现在如此重要的信息化发展规划中。2006年5月20日，中共中央办公厅、国务院办公厅转发《国家信息化领导小组关于推进国家电子政务网络建设的意见》，该意见将人民法院专用网络系统列为与党委、人大、政府、政协和检察院的业务网络并列的国家电子政务内网六大系统之一。[①] 在此之后，2012年发布的《国家电子政务"十二五"规划》再次强调，大力推进国家电子政务发展"是党委、人大、政府、政协、法院、检察院系统各级政务部门政务工作的组成部分，是政务部门提升履行职责能力和水平的重要途径，也是深化行政管理体制改革和建设人民满意的服务型政务的战略举措"。2012年5月5日，国家发展改革委发布的《"十二五"国家政务信息化工程建设规划》将"推进法院系统信息化"列为"民主法制建设信息化工程"，提出"加快推进法院系统信息化，建设完善法院案件管理及决策支持系统"。可以看到，人民法院信息化在国家"电子政务"总体规划中占据越来越重要的位置，这是本阶段人民法院信息化建设的一大背景。

事实上，在此之前，法院系统的信息化建设都不是特别受重视。直到2001年时任党和国家领导人先后视察广东省南海市人民法院

[①] 参见最高人民法院编：《人民法院改革开放三十年·大事记（1978—2008）》，人民法院出版社2008年版，第108页。

（现为南海区人民法院）的信息化建设后，法院系统的信息化建设才开始日益受到国家层面的重视。根据最高人民法院相关文献的记载，中央领导同志观看案件流程管理系统的实时演示，对法院在信息化建设方面取得的成绩给予了充分的肯定，并对信息化在提高审判效率、促进司法公正方面的重要作用提出殷切希望。① 差不多在此前后，"法院信息化"的提法才开始逐渐出现。在中央领导同志视察人民法院信息化建设工作之后不久，最高人民法院即于2002年11月7日向国家信息化领导小组上报《关于法院系统信息化建设情况的汇报》，就法院信息化建设的现状、需求、作用和意义，以及下一步工作打算进行了全面汇报。至此，人民法院信息化建设工程——"天平工程"②开始启动申报论证工作。③ 2005年，最高人民法院再次向国务院报送《关于人民法院电子政务建设工程的报告》，并就人民法院信息化建设情况、最高人民法院《关于人民法院电子政务建设"天平工程"项目申请的报告》和《国家司法审判信息系统工程项目建议书》的申请报告进行了汇报。④ 2007年7月，时任最高人民法院副院长姜兴长透露，最高人民法院向国家发展改革委申报的全国法院信息化建设"天平工程"项目已进入最后评审阶段。⑤ 2012年6月，国家发展改革委正式批复国

---

① 参见最高人民法院编：《人民法院改革开放三十年·大事记（1978—2008）》，人民法院出版社2008年版，第73页。

② 所谓"天平工程"，是指最高人民法院向国家发展改革委申报、各级法院协同建设的电子政务工程，包括制定业务应用支撑等相关标准规范，建设和完善人民法院业务网络、司法审判应用系统、司法审判信息资源库、数据中心以及相应配套环境等。参见最高人民法院办公厅编：《党的十八大以来最高人民法院专项工作报告汇编》，人民法院出版社2018年版，第135页。

③ 参见最高人民法院编：《人民法院改革开放三十年·大事记（1978—2008）》，人民法院出版社2008年版，第80页。

④ 参见最高人民法院编：《人民法院改革开放三十年·大事记（1978—2008）》，人民法院出版社2008年版，第101页。

⑤ 参见薛勇秀：《法院信息化建设"天平工程"已进入最后评审阶段》，载中国法院网（https://www.chinacourt.org/article/detail/2007/07/id/255976.shtml），访问日期：2019年10月24日。

家司法审判信息系统工程("天平工程")项目立项。① 自此,"人民法院信息化在国家电子政务中的地位日趋明确"②。

3.基础信息网络尚未实现全覆盖

2006年前后,全国不少法院均已初步构建了基础信息网络。然而,信息网络并未实现全部覆盖。事实上,正如有论者所指出的,直到2005年,"全国法院系统尚无一个功能完备的信息网络"。在该论者看来,只有一些经济发达的城市或大城市建立了局域网,大多数城市,尤其是西部地区根本没有形成信息网络。少数实现办公"网络化"的法院也仅仅实现了局域网的联网,无法实现不同法院之间的信息联网。③ 2007年最高人民法院《关于全面加强人民法院信息化工作的决定》也指出,全国只有近300个中级人民法院和约1400个基层人民法院完成了局域网建设。而根据最高人民法院政治部2009年的数据,截至2008年年底,全国共有中级人民法院406个、基层人民法院3117个(包括军事法院)。④ 这说明,全国尚有约100个中级人民法院、1700个基层人民法院没有完成局域网的建设。

(二)建设展开

1.进一步完善基础信息网络建设

如同前文所述,2006年前后,全国法院尚未实现信息网络的全覆盖。尽管不少法院已经建成了局域网,但是无法和上级法院互联。因此,在本阶段,信息化建设的重点就是建成全国法院的局域网并实现全国法院的网络互联。在本阶段,人民法院加快了信息网络的建设步

---

① 参见最高人民法院编:《人民法院工作年度报告(2009—2014)》,法律出版社2015年版,第327页。

② 参见《人民法院信息化建设五年发展规划(2013—2017)》。

③ 参见王立:《信息时代对司法审判的挑战——兼论未来的法庭》,载《法律适用》2005年第4期。

④ 参见最高人民法院政治部编:《中华人民共和国人民法院机构名录》(2009年,内部资料),第1—2页。

伐。在 2007 年,全国只有 300 个中级人民法院(同时期全国约有中级人民法院 400 个)和约 1400 个基层人民法院(同时期全国约有基层法院 3100 个)完成了局域网的建设或改造。进入 2009 年,全国 90% 的中级人民法院、78% 的基层人民法院都已经完成了局域网的建设。①2011 年底,全国所有中级人民法院都接入二级业务专网(高级人民法院到中级人民法院的网络),80% 的基层人民法院接入了三级业务专网(中级人民法院到基层人民法院的网络)。② 而到了 2013 年,基本形成覆盖全国各级人民法院的信息网络。③

2. 进一步加强软件系统的研发和应用

根据最高人民法院《关于全面加强人民法院信息化工作的决定》,到 2010 年,人民法院要基本建成覆盖全国各级人民法院的业务网络,以审判信息管理和司法信息资源开发利用为核心的各类应用全面推进,信息化在促进司法审判管理、司法政务管理和司法人事管理规范化、科学化等方面的作用明显增强,在提高审判效率、保证审判质量等方面充分发挥作用。2006 年 8 月 24 日,最高人民法院召开新闻发布会,向先进法庭、优秀法官代表赠送软件,并决定即日起开始向全国各级人民法院全面推广配备"中国审判法律应用支持系统"(人民法庭版)。④ 2009 年 6 月 29 日,最高人民法院决定向全国人民法院免费配发"中国审判法律应用支持系统"(人民法庭版)。在地方,一些法院研发出"审判质量与效率综合评估系统"并投入试运行。⑤ 除此之外,

---

① 参见最高人民法院编:《人民法院工作年度报告(2009—2014)》,法律出版社 2015 年版,第 57 页。

② 参见最高人民法院编:《人民法院工作年度报告(2009—2014)》,法律出版社 2015 年版,第 257 页。

③ 参见最高人民法院编:《人民法院工作年度报告(2009—2014)》,法律出版社 2015 年版,第 400 页。

④ 参见《〈中国审判法律应用支持系统〉(法庭版)面世 最高人民法院向先进法庭、优秀法官赠送软件》,载《中国审判》2006 年第 7 期。

⑤ 参见成都市中级人民法院编:《司法为民六十年(1950 年—2010 年)》,第 178 页。

在这一时期,人民法院还依托信息网络和软件系统探索了人民法庭立案、网上(预约)立案、网上信访等的信息化。

(三)建设特点

1. 并不过于"活跃"的信息化建设

肖扬卸任后,王胜俊担任最高人民法院院长。这一时期,尽管人民法院的信息化建设已逐渐被纳入国民经济和社会信息化的发展规划中,但在这一时期,人民法院对外发布的有关信息化建设的文件并不太多,甚至全国性的信息化工作会议在此期间一度中断。表2-8统计了这一时期最高人民法院发布的部分信息化建设文件,可以看到,综合性信息化建设文件偏少而针对特定问题的信息化文件偏多。事实上,在这一时期,除最高人民法院《关于全面加强人民法院信息化工作的决定》《人民法院第三个五年改革纲要(2009—2013)》《关于人民法院在互联网公布裁判文书的规定》《关于人民法院直播录播庭审活动的规定》以及《国家"十二五"期间人民法院司法行政工作发展规划纲要》之外,并无更多的有关法院信息化建设的文件。而在信息化工作会议方面,资料显示,自2007年最高人民法院召开全国法院信息化工作会议以来,2008—2012年间,最高人民法院并未召开专门的信息化工作会议,直到2014年,全国人民法院信息化工作会议(第二届)才召开。① 不仅如此,最高人民法院还对信息化建设中面临的诸多问题进行了批评,例如,2011年6月2日,王胜俊在上海市高级人民法院考察信息化建设时谈到,"建设的目的全在于应用。有的法院包括最高人民法院花的钱不少,铺的线不少,建的项目很多,但是发挥的作用很

---

① 参见罗书臻:《全面加强人民法院信息化建设 努力实现审判体系审判能力现代化》,载《人民法院报》2014年8月23日,第1版。

有限"①。受多重因素的影响,这一时期的信息化建设实际上并不活跃,信息化推进方面存在一定的"波动性"。

表2-8 第三阶段法院信息文件名称化建设文件

年份	发布日期	文件名称
2006年	200603	最高人民法院办公厅《关于报送案件电子文本的通知》
	200612	最高人民法院《关于人民法院执行公开的若干规定》
2007年	200706	最高人民法院《关于全面加强人民法院信息化工作的决定》
2008年	200811	《人民法院信息工作的若干规定》
2009年	200903	《人民法院第三个五年改革纲要(2009—2013)》
	200911	最高人民法院《关于进一步加强司法统计工作的意见》
	200912	最高人民法院《关于司法公开的六项规定》
2010年	201010	《司法公开示范法院标准》
	201011	最高人民法院《关于人民法院在互联网公布裁判文书的规定》和《关于人民法院直播录播庭审活动的规定》
2011年	201101	最高人民法院《关于新形势下进一步加强人民法院基层基础建设的若干意见》
	201101	《国家"十二五"期间人民法院司法行政工作发展规划纲要》
	201107	《人民法院为实施"十二五"规划纲要提供司法保障的意见》
2012年	201206	最高人民法院、国家档案局《关于印发〈人民法院档案工作规定〉的通知》

2. 建设内容的全面性

本阶段的一个重要特征,就是法院信息化建设内容的全面性。按照时任最高人民法院副院长姜兴长的观点,"人民法院信息化已经进入了全方位、多层次推进的新阶段"②。不仅如此,时任最高人民法院

---

① 最高人民法院办公厅:《社会主义司法理念教育参阅材料——王胜俊院长讲话选编》(2011年),第564页。
② 姜兴长:《加强人民法院信息化工作 为社会主义司法制度提供坚强保障》,载《人民司法(应用)》2007年第17期。

司法行政装备管理局局长王世民也指出,随着全国法院一、二、三级专网的部分建成,全国已有近 300 个中级人民法院和约 1400 个基层人民法院开始利用信息网络进行审判流程管理等工作。不仅如此,部分法院专网的建成也为"开展司法审判管理、司法政务管理和司法人事管理提供了支撑平台"①。

一方面,在这一时期,人民法院继续加强内部司法管理方面的信息化建设。例如,《人民法院第三个五年改革纲要(2009—2013)》提出了"科技强院"的问题,要求"促进信息化在人民法院行政管理、法官培训、案件信息管理、执行管理、信访管理等方面的应用。尽快完成覆盖全国各级人民法院的审判业务信息网络建设……研究开发全国法院统一适用的案件管理流程软件和司法政务管理软件"。另一方面,本阶段也更关注信息化建设的外部性问题,在借助信息化手段推动对外公开、促进司法透明方面取得了很大的突破。例如,最高人民法院相继发布了有关执行公开的若干规定、司法公开的若干规定、互联网公布裁判文书以及庭审直播录播的若干规定等。《人民法院第三个五年改革纲要(2009—2013)》也提出,"规范庭审直播和转播","研究建立裁判文书网上发布制度和执行案件信息的网上查询制度","探索推行远程立案、网上立案查询、巡回审判、速裁法庭、远程审理等便民利民措施",为下一阶段的司法公开以及司法便民等信息化建设内容奠定了坚实的基础,极大地扩展了人民法院信息化建设的内容,丰富了司法信息化的内涵,标志着人民法院在信息化建设方面的积极转向。

---

① 王世民:《稳步推进信息化在审判工作中的全面应用》,载《人民司法(应用)》2007年第 17 期。

四、"天平工程"及此之后建设时期

(一)建设背景

1. "天平工程"正式批复立项

如同前文所述,在较长一段时期,法院系统的信息化未纳入国家的专项信息化建设规划。以 2006 年国家信息化领导小组发布的《国家电子政务总体框架》为契机,人民法院信息化开始被纳入"国"字号的电子政务建设规划之中,人民法院信息化建设迎来重要的发展机遇。然而,前述项目依然不属于国家专项建设规划,支持力度有限,人民法院信息化建设依旧面临政策、资金等方面的瓶颈。2012 年 6 月,国家发展改革委正式批复①国家司法审判信息系统工程("天平工程")项目立项。② "天平工程"的立项,使人民法院的信息化建设第一次有了专项建设规划的支持,这为人民法院的信息化发展提供了强大动力。事实上,正如《人民法院信息化建设五年发展规划(2013—2017)》所指出的,"作为'十二五'国家政务信息化工程的重要组成部分,'天平工程'肩负着贯彻国家信息化战略决策、建设国家司法审判信息资源库的重要使命"。

2. 信息网络基本覆盖,数据应用成为重点

经过近二十年的前期建设,到 2012 年前后,覆盖全国各级人民法院的信息网络已基本形成。《人民法院信息化建设五年发展规划(2013—2017)》披露,截至规划订立时,人民法院"网络及硬件建设成绩明显。覆盖全国各级法院的业务网络基本形成"。规划指出,"人民法院信息化基本框架已经初具规模,基础设施和软件水平得到较大提升,基本具

---

① 最高人民法院于 2005 年即向国家发展改革委申报了"天平工程"项目。
② 最高人民法院编:《人民法院工作年度报告(2009—2014)》,法律出版社 2015 年版,第 327 页。

备整体推进人民法院信息化工作,实施'天平工程'项目建设,构建法院综合信息化体系的基础条件"。最高人民法院2013年针对9个省、直辖市、计划单列市的调研也显示,人民法院办公自动化设备、网络设备、通信设备逐步装备到各级法院,基本能适应现代化办案需要;法院三级专网已建成运行,数字化法庭建设进入实施阶段。① 自此,历经近二十年、以互联互通②为主要标志的法院信息化建设终于告一段落。

但与此同时,这一时期人民法院信息化建设仍然面临诸多问题,例如发展还不平衡,信息化程度不高,作用发挥得还不够好,未形成标准统一、开放共享的全国司法数据库,服务审判执行工作的水平还有待提高。③ 特别是前期积累的大量司法数据④,无法有效地进行汇集和利用。以北京市法院为例,多年来,北京市法院积累了大量的审判信息资源、部分行政管理和保障业务信息资源,按照论者的观点,这为司法审判信息数据库的搭建提供了充分的信息资源基础。在此基础上,建设以拓展法院信息的来源渠道为途径,以挖掘整合法院信息资源为手段,以促进法院信息资源的开发共享与利用、提供更广泛高效的信息服务为目的,建设开放的司法审判数据库成为下一阶段信息化开展的基本方向。⑤ 因此,如何利用好法院各类信息资源,成为法院信息化建设必须面对的问题。

3. 司法领域大数据、人工智能应用成为前沿

2015年5月,国务院印发《中国制造2025》,提出"到2025年,制

---

① 唐虎梅、李学升、杨阳等:《人民法院经费保障体制改革情况调研报告》,载《人民司法(应用)》2013年第21期。
② 按照社科院法学所的评估报告(2016年4月12日),"人民法院信息化2.0版本"的主要特征是"互联互通"。参见最高人民法院办公厅编:《党的十八大以来最高人民法院大事记》,人民法院出版社2017年版,第120页。
③ 参见《人民法院信息化建设五年发展规划(2013—2017)》。
④ 按照论者的观点,我国已成为"司法数据应用大国"。参见孙晓勇:《司法大数据在中国法院的应用与前景展望》,载《中国法学》2021年第4期。
⑤ 参见池强主编:《北京法院电子政务建设探索与实践》,人民法院出版社2010年版,第24—25页。

造业重点领域全面实现智能化"。2015年8月,国务院印发《促进大数据发展行动纲要》,推动大数据发展和应用。① 在这样的背景下,人民法院也开始有意识地推进大数据、人工智能等现代信息技术在司法领域的应用。事实上,正如有论者所指出的,多年来,人民法院已经积累了海量的司法数据,但这些数据分散在各地、各级法院,没有实现集中管理,也未得到有效开发和利用。2016年,在《人民法院信息化建设五年发展规划(2016—2020)》发布会上,时任最高人民法院院长周强也提出要"推动人民法院信息化建设转型升级,尽快建成以大数据分析为核心的人民法院信息化3.0版,促进审判体系和能力现代化"②。以海量司法大数据为依托,各种智能化司法产品如雨后春笋③。截至目前,人民法院基本建成了全国智慧法院信息系统,实现了"全业务网上办理、全流程依法公开、全方位智能服务"④。

(二)建设展开

1."对内"业务系统的开发和应用

在此阶段,在最高人民法院的主导下,法院系统从上到下开发、部署了种类繁多的平台、业务系统,几乎涵盖了法院工作的方方面面。在"对内"业务系统的开发和应用方面,各级法院研发、部署了大量的软件系统。特别是在最高人民法院《关于加快建设智慧法院的意见》发布之后,相关应用平台、业务系统数量更是与日俱增。最高人民法院信息中心发布的资料显示,2017年,最高人民法院、地方人民法院均部署了为数众多的平台和业务系统(对内):2017年8月15日,人民

---

① 以上内容参见《改革开放40年——中国信息化发展大事记》,载《中国信息界》2018年第5期。
② 最高人民法院办公厅编:《党的十八大以来最高人民法院专项工作报告汇编》,人民法院出版社2018年版,第113—114页。
③ 王禄生:《司法大数据与人工智能技术应用的风险及伦理规制》,载《法商研究》2019年第2期。
④ 倪弋:《全国智慧法院信息系统建成》,载《人民日报》2022年12月13日,第14版。

法院即时通讯系统在最高人民法院部署上线,实现了全国法院间跨部门、跨区域的沟通交流和信息共享;10月15日,中国司法案例网改版升级并上线手机APP,实现从裁判文书网中快速发现案例,为用户精准推送案例,发布相关专题报告;11月23日,全国减刑假释信息化办案平台正式开通;11月30日,中国司法大数据服务网①上线运行。②在地方,2016年7月4日,河北法院智审系统1.0版本上线;2017年5月,"上海刑事案件智能辅助办案系统"(代号为"206工程")上线运行,该系统在公检法之间建立了统一的刑事办案系统,初步实现了刑事办案网上运行、互联互通、信息共享;2017年8月18日,杭州互联网法院正式挂牌成立;10月23日,江西省法院建立"电子卷宗集中生成模式",实现诉讼材料"收、转、发"事务的全流程集约化、智能化管理,确保电子卷宗的随案同步生成;到了2018年,全国法院调解平台、全国法院决胜"基本执行难"信息网等相继上线,北京互联网法院、广州互联网法院也于2018年9月相继挂牌成立。③ 近几年,业务系统也进一步扩展到了在线诉讼、互联网司法、移动微法院等。

表 2-9 本阶段人民法院重要信息化建设项目(部分)④

年份	日期	重要信息化建设项目
2013年	7月1日	中国裁判文书网正式上线
	12月11日	中国法院庭审直播网正式上线开通

---

① 网站主要提供专题研究报告、司法知识服务、涉诉信息服务、类案智能推送、智能诉讼评估、司法自主统计等服务。
② 参见《重磅|2017年中国法院信息化大事记发布》,载最高人民法院信息中心官方微信公众号"智慧法院进行时",2018年2月14日发布。
③ 参见《盘点|2018年中国法院信息化大事记:这些重大时刻你还记得吗?》,载最高人民法院信息中心官方微信公众号"智慧法院进行时",2019年3月26日发布。
④ 以上内容参见最高人民法院办公厅编:《党的十八大以来最高人民法院大事记》,人民法院出版社2017年版,第16、30、49、66—67、70、107、129、147—148页。

(续表)

年份	日期	重要信息化建设项目
2014年	5月30日	最高人民法院远程视频接访系统正式开通
	11月1日	中国执行信息公开网正式开通
	11月13日	中国审判流程信息公开网正式开通
	12月31日	最高人民法院诉讼服务网开通
2015年	12月30日	最高人民法院律师服务平台正式开通
	12月31日	最高人民法院完成历史档案数字化
2016年	6月26日	最高人民法院完成历史裁判文书全文识别工作
	7月4日	河北法院智审系统1.0版本上线
	11月15日	人民法院执行案件流程信息管理系统正式在全国3520家法院投入使用并运行
2017年①	2月28日	全国法院诉讼活动通知平台上线
	5月3日	上海刑事案件智能辅助办案系统(简称"206"工程)正式试运行
	5月19日	全国31家高院和兵团法院完成与大数据管理和服务平台的电子卷宗汇聚接口打通,支持各级法院电子卷宗数据的汇聚管理
	7月24日	江西省法院电子卷宗集中生成模式"收转发E中心"正式上线运行
	8月15日	人民法院即时通讯系统在最高人民法院部署上线
	8月18日	杭州互联网法院正式揭牌,成为全球首家互联网法院
	9月15日	中国司法案例网改版升级并上线手机APP
	11月16日	江苏省高级人民法院建成"微法院",推出微信与法院工作深度融合的移动互联网全业务生态平台
	11月23日	全国减刑假释信息化办案平台正式开通
	11月30日	中国司法大数据服务网上线运行

---

① 参见《重磅|2017年中国法院信息化大事记发布》,载最高人民法院信息技术服务中心官方微信公众号"智慧法院进行时",2018年2月14日发布。

(续表)

年份	日期	重要信息化建设项目
2018 年①	1月5日	人民法院"智慧法院导航系统"和"类案智能推送系统"正式上线运行
	2月2日	浙江省高级人民法院上线全国首个"微法院"集群平台
	2月28日	人民法院调解平台正式上线,在全国法院试运行
	6月28日	杭州互联网法院上线全国首个电子证据平台
	9月9日	北京互联网法院揭牌成立
	9月28日	广州互联网法院正式挂牌成立
	12月12日	"法信(智答版)"在最高人民法院上线
2019 年②	1月15日	重庆移动智能法院——"易法院"APP 正式上线
	1月23日	全国法院首次运用"推进以审判为中心诉讼制度改革——上海刑事案件智能辅助办案系统"辅助庭审
	3月2日	广州互联网法院粤港澳大湾区首个一体化在线多元解纷融平台上线
	4月2日	"广州 5G 智慧法院联合实验室"揭牌
	9月10日	最高人民法院智慧法院(广东)实验室正式启用
	11月8日	最高人民法院"人民法庭工作平台"和"人民法庭信息平台"正式上线运行
	12月31日	最高人民法院智慧法院实验室建成启用
2020 年③	2月13日	江苏省高级人民法院互联网庭审小程序——"互联网开庭"平台上线
	2月25日	"最高人民法院移动微法院"平台首次审理案件

---

① 参见《盘点|2018 年中国法院信息化大事记:这些重大时刻你还记得吗?》,载最高人民法院信息技术服务中心官方微信公众号"智慧法院进行时",2019 年 3 月 26 日发布。

② 参见《重磅|2019 年中国法院信息化大事记发布》,载最高人民法院信息技术服务中心官方微信公众号"智慧法院进行时",2020 年 6 月 11 日发布。

③ 参见陈甦、田禾主编:《中国法院信息化发展报告 No.5》(2021),社会科学文献出版社 2021 年版,第 340 页。

(续表)

年份	日期	重要信息化建设项目
2021年①	6月2日	重庆法院举行"车载便民法庭"首车交付仪式
	7月21日	最高人民法院"一站式"国际商事纠纷多元化解决平台上线试运行

2. "对外"业务系统的开发和运用

有论者谈到,在2011年之后,人民法院开始着力构建以司法公开平台为基础,以促进对外沟通和互动为主要特征的"外向型信息化建设"②。笔者对此表示赞同,可以看到,在这一时期,人民法院加大了信息化在外部服务方面的建设力度。例如,仅在2013年(见表2-9),最高人民法院就先后开通了中国裁判文书网、中国法院庭审直播网。进入2014年,最高人民法院继续开通了执行信息公开网、审判流程信息公开网以及诉讼服务网。近年来,随着"智慧法院"建设的深入推进,法院系统部署的具有"对外"服务功能的业务软件(平台)持续增加。仍以最高人民法院信息中心发布的信息为例,2017年2月28日,全国法院诉讼活动通知平台上线试运行,打通新浪微博、新浪邮箱、支付宝等网络渠道,向案件当事人提供诉讼通知发送服务;11月17日,江苏省高级人民法院建成"微法院",推出微信与法院工作深度融合的移动互联网全业务生态平台。③ 2018年,移动微法院(浙江)、"法信(智答版)"(国内首家法律专业智能问答服务平台)等也相继上线。④

---

① 参见陈国平、田禾主编:《中国法院信息化发展报告 No.6》(2022),社会科学文献出版社2022年版,第355—356页。
② 参见郭烁:《司法过程的信息化应对——互联网时代法院建设的初步研究》,载《暨南学报(哲学社会科学版)》2017年第10期。
③ 参见《重磅|2017年中国法院信息化大事记发布》,载最高人民法院信息中心官方微信公众号"智慧法院进行时",2018年2月14日发布。
④ 参见《盘点|2018年中国法院信息化大事记:这些重大时刻你还记得吗?》,载最高人民法院信息中心官方微信公众号"智慧法院进行时",2019年3月26日发布。

(三)建设特点

与之前的几个阶段相比,本阶段的信息化建设具有两个明显的特征:

1.进一步强化"顶层设计"

如同前文所述,在本阶段,最高人民法院制发了大量的司法文件,主导了全国法院信息化的建设方向、建设进度,这种频率和力度都是前所未有的。表2-10统计了这一时期发布的部分文件,可以看到,自2013年以来,最高人民法院每年均会发布多项与信息化建设相关的文件,包含执行、司法公开、远程视频接访、司法便民、司法拍卖等方面。其中,比较重要的有最高人民法院《关于人民法院在互联网公布裁判文书的规定》《关于推进司法公开三大平台建设的若干意见》《人民法院信息化建设五年发展规划(2013—2017)》《关于进一步做好司法便民利民工作的意见》《关于全面深化人民法院改革的意见——人民法院第四个五年改革纲要(2014—2018)》《关于加快建设智慧法院的意见》等。例如,《人民法院信息化建设五年发展规划(2013—2017)》就是最高人民法院第一次就法院信息化建设问题制定的五年规划。《人民法院信息化建设五年发展规划(2013—2017)》制定了六项发展目标,分别是统筹协同发展不断深化、应用覆盖范围取得突破、信息共享和业务系统同取得进展、信息安全保障能力持续提升、司法公开方式和途径不断完善、司法便民利民措施和手段不断改进;明确了五项重点任务,分别是加强软硬件基础设施建设、推进重要信息管理系统建设、深化司法信息资源开发利用、推动信息安全保障体系建设、完善业务技术标准规范建设。在此之后,信息化建设五年规划逐年进行修订。又比如,2017年发布的最高人民法院《关于加快建设智慧法院的意见》全面规划了智慧法院的建设目标,包括推进系统建设,提供坚强的信息化基础支撑;推进业务应用,大力提升审判工作质效;推进"互联网+阳光司法",促进法院工作透明便民;运用大数据和人工智能技术,按需提供精准智能服务;强化工作保障,促进持续健康发展。最高人民法院《关于加快建设智慧法院的意见》成为较长一段时期人民法院开展"智慧法院"建设的行动指南。

与此同时,最高人民法院还提出加强对下级法院信息化工作的管理,以强化信息化推进的整体效能。例如,在《人民法院信息化建设五年发展规划(2013—2017)》中,最高人民法院就提出"建立上级法院对下级法院信息化工作的管理体系,逐步加大指导和监督的力度……强化信息化制度落实检查机制……将信息化工作纳入法院工作目标考核范围"。在此之后,信息化工作在人民法院工作全局中的重要性日益凸显。除此之外,最高人民法院还不断通过各种会议,例如,2013年的人民法院信息化工作会议、2014年的最高人民法院信息化建设工作领导小组第一次全体会议和第二次人民法院信息化工作会议、2015年的全国法院第三次信息化工作会议等,提升了法院信息化(智慧法院)建设的话语热度,使得法院信息化建设日益成为各级法院领导的核心任务之一。

表2-10 本阶段部分司法信息化建设文件

发布时间		文件名称
2013年	201308	最高人民法院《关于公布失信被执行人名单信息的若干规定》
	201311	最高人民法院《关于人民法院在互联网公布裁判文书的规定》
	201311	最高人民法院《关于推进司法公开三大平台建设的若干意见》
	201312	《人民法院信息化建设五年发展规划(2013—2017)》
2014年	201404	最高人民法院《关于印发〈最高人民法院远程视频接访规则〉的通知》
	201409	最高人民法院《关于人民法院执行流程公开的若干意见》
	201411	最高人民法院《关于进一步做好司法便民利民工作的意见》
	201412	最高人民法院《关于全面推进人民法院诉讼服务中心建设的指导意见》
2015年	201502	最高人民法院《关于全面深化人民法院改革的意见——人民法院第四个五年改革纲要(2014—2018)》

（续表）

发布时间		文件名称
2016年	201602	《人民法院信息化建设五年发展规划（2016—2020）》
	201608	最高人民法院《关于人民法院网络司法拍卖若干问题的规定》
	201608	最高人民法院《关于人民法院在互联网公布裁判文书的规定》（2016年修订）
2017年	201702	最高人民法院《关于公布失信被执行人名单信息的若干规定》（2017年修正）
	201702	最高人民法院《关于人民法院庭审录音录像的若干规定》
	201704	最高人民法院《关于加快建设智慧法院的意见》
	201711	最高人民法院、最高人民检察院、司法部《关于共同开展减刑假释信息化办案平台建设的通知》
2018年	201803	最高人民法院《关于人民法院通过互联网公开审判流程信息的规定》
	201808	最高人民法院《关于增设北京互联网法院、广州互联网法院的方案》
	201811	最高人民法院《关于进一步深化司法公开的意见》
2019年	201902	最高人民法院《关于深化人民法院司法体制综合配套改革的意见——人民法院第五个五年改革纲要（2019—2023）》
	201903	最高人民法院《关于在部分法院推进"移动微法院"试点工作的通知》
	201904	最高人民法院《人民法院信息化建设五年发展规划（2019—2023）》
	201907	最高人民法院办公厅《关于做好2019年智慧法院建设工作的通知》
2020年	202001	《民事诉讼程序繁简分流改革试点实施办法》
	202002	最高人民法院《关于新冠肺炎疫情防控期间加强和规范在线诉讼工作的通知》
	202003	最高人民法院《关于人民法院贯彻落实党的十九届四中全会精神推进审判体系和审判能力现代化的意见》
	202005	最高人民法院《关于依法妥善办理涉新冠肺炎疫情执行案件若干问题的指导意见》

（续表）

发布时间		文件名称
2021年	202102	最高人民法院《关于民事诉讼程序繁简分流改革试点情况的中期报告》
	202106	《人民法院在线诉讼规则》
2022年	202201	《人民法院在线运行规则》
	202202	《人民法院一站式多元纠纷解决和诉讼服务体系建设（2019—2021）》
	202205	最高人民法院《关于加强区块链司法应用的意见》
	202212	最高人民法院《关于规范和加强人工智能司法应用的意见》

表2-11 重要会议有关信息化的讲话内容①

年份	日期	会议名称	讲话内容
2013年	10月9日	人民法院信息化工作会议	大力推进信息化在司法为民、公正司法以及司法管理、司法人事管理、司法政务管理等方面的应用，以信息化促进司法公正公开
2014年	5月23日	最高人民法院党组理论学习中心组学习（扩大）会	要充分认识推进信息化建设的重要性，增强责任感和紧迫感，坚持以问题和需求为导向，全面推进人民法院和各级法院的信息化建设，运用互联网思维，努力建设公正、高效、廉洁、为民的现代化法院
	6月20日	最高人民法院信息化建设工作领导小组第一次全体会议	扎实推进全国法院信息化建设，大力推进法院审判体系和审判能力现代化，大力推进全国法院信息化联网，逐步实现全国法院的互联互通

---

① 参见最高人民法院办公厅编：《党的十八大以来最高人民法院专项工作报告汇编》，人民法院出版社2018年版，第23、49、52、55、57、90、100、111—112、169、173、182—183页；参见《重磅|2017年中国法院信息化大事记发布》，载最高人民法院信息中心官方微信公众号"智慧法院进行时"，2018年2月14日发布；《盘点|2018年中国法院信息化大事记：这些重大时刻你还记得吗？》，载最高人民法院信息中心官方微信公众号"智慧法院进行时"，2019年3月26日发布。

（续表）

年份	日期	会议名称	讲话内容
2014年	7月25日	全国法院执行信息化建设现场会	要依托信息技术手段,深化执行体制机制改革,大力推进信息化建设,努力建设全国法院上下一体、内外联动、规范高效、反应快捷的执行指挥体系,以执行信息化建设破解"执行难"问题,推进司法为民、公正司法
	8月22日	第二次人民法院信息化工作会议	各级人民法院适应信息时代要求,善于运用互联网思维,坚持服务人民群众、服务审判执行、服务司法管理,大力加强信息化建设,努力实现人民法院审判体系和审判能力现代化
2015年	7月1日	全国高级法院院长座谈会	聚焦人民法院司法体制改革和信息化建设,适应新形势,解决新问题
	11月3日	全国法院第三次信息化工作会议	坚持以人民群众司法需求为导向,进一步推进信息化建设转型升级,加快建成人民法院信息化3.0版,促进审判体系和审判能力现代化
2016年	1月23日至24日	全国高级法院院长会议	持续推进信息化建设……促进审判体系和审判能力现代化
	1月29日	最高人民法院信息化建设工作领导小组2016年第一次全体会议	准确把握"十三五"规划对人民法院信息化建设提出的新任务、新要求,以促进审判体系和审判能力现代化为目标,坚持需求和问题导向,着力破解难题、补齐短板,全力推进人民法院信息化3.0版建设
2017年	1月14日	全国高级法院院长会议	要深入推进法院信息化建设,促进审判体系和审判能力现代化。要加快"智慧法院"建设,用大数据铸牢制约司法权的"数据铁笼"。要发挥信息技术对司法公开的支撑作用,让司法权始终在阳光下运行。要创新审判监督管理信息化,促进规范司法行为、提升审判质效

(续表)

年份	日期	会议名称	讲话内容
2017年	3月31日	最高人民法院信息化建设工作领导小组召开2017年第一次全体会议	进一步加大人民法院信息化建设力度；要进一步明确提出智慧法院概念、归纳智慧法院典型特征，指导全国智慧法院建设
	2月23日	智慧法院建设专题座谈会	要坚持问题导向、需求导向，把握发展机遇，突出主攻方向，在社会各界共同支持下，加快智慧法院建设步伐
	5月11日	全国法院第四次信息化工作会议	坚持需求导向和问题导向，以提升司法为民、公正司法为目标，加快智慧法院建设，充分借助现代科技手段，推进人民法院审判体系和审判能力现代化，实现"努力让人民群众在每一个司法案件中都感受到公平正义"的目标
	7月11日	全国高级法院院长座谈会	要聚焦信息化建设，扎实推进司法为民、公正司法，努力让人民群众在每一个司法案件中都感受到公平正义，推动人民法院各项工作不断实现新发展
	9月11日	最高人民法院党组会议暨信息化建设工作领导小组2017年第二次全体会议	坚持问题导向和需求牵引，突出工作重点，全面加强智慧法院建设，推进人民法院信息化建设再上新台阶
2018年	1月25日	全国法院电子卷宗随案同步生成和深度应用工作视频会议	会议要求，全国法院电子卷宗随案同步生成和深度应用工作要在2018年全面完成
	2月5日	第二十一次全国法院工作会议	坚定不移深化司法改革，大力加强信息化建设。要主动拥抱新一轮科技革命，把握信息化三大规律，加快推进智慧法院建设，推动现代科技与法院工作深度融合，强化拓展司法大数据功能，促进审判体系和审判能力现代化

（续表）

年份	日期	会议名称	讲话内容
2018年	4月3日	网络安全与信息化领导小组第一次全体会议	努力攻克以智慧法院人工智能技术为标志的一批关键技术，推动全国法院全面实现电子卷宗随案同步生成和深度应用，建成覆盖全国各级法院的执行指挥平台，推动电子诉讼和移动电子诉讼的部署应用，要加大人才和资金保障力度，推进智慧法院建设不断取得新的成效
	4月26日至27日	全国法院第五次网络安全和信息化工作会议	要紧紧抓住新一轮科技革命和加快推进科技强国、网络强国、数字中国建设带来的重大战略机遇，认真总结经验，不断改进完善，狠抓工作落实，把智慧法院推向全面建设的新格局
	9月12日	网络安全与信息化领导小组2018年第二次全体会议	会议强调，完善人民法院信息化3.0版、全面建设智慧法院，要处理好中央机关与地方、基础与应用、内需与外需、安全与开放、重点与一般、预算与执行、开发与运用、管理与服务八个方面的关系
2019年①	1月17日	全国高级法院院长会议	各级人民法院要积极推进大数据、人工智能、区块链等科技创新成果同审判执行工作深度融合，努力攻克以智慧法院人工智能技术为标志的一批关键技术，大力推动"智审、智执、智服、智管"等建设
	1月29日	最高人民法院司法改革领导小组2019年第一次会议	全面推进诉讼服务中心现代化建设
	3月29日	最高人民法院网络安全和信息化领导小组2019年第一次全体会议	大力推进"智审、智执、智服、智管"建设

---

① 参见《重磅丨2019年中国法院信息化大事记发布》，载最高人民法院信息技术服务中心官方微信公众号"智慧法院进行时"，2020年6月11日发布。

（续表）

年份	日期	会议名称	讲话内容
2019年	4月10日	最高人民法院司法改革领导小组2019年第二次会议	以加强诉讼服务中心建设为重点，打造一站式纠纷解决服务平台，让人民群众解决矛盾纠纷更方便、更快捷
	6月12日至13日	全国高级法院院长座谈会	全面建设集约高效、多元解纷、便民利民、智慧精准、开放互动、交融共享的现代化诉讼服务体系
	9月6日	最高人民法院第二届网络安全和信息化专家咨询委员会成立大会暨智慧法院建设座谈会	认真总结智慧法院建设取得的阶段性成果和经验，坚持问题和需求导向，不断提升智慧法院建设水平
	9月10日	全国法院第六次网络安全与信息化工作会议	加快推进"智审、智执、智服、智管"建设，全面深化智慧法院建设
	10月15日	全国法院审判执行工作推进会	加快推进网上立案、跨域立案，不断增强化解纠纷和诉讼服务能力建设
	11月8日	最高人民法院网络安全和信息化领导小组2019年第二次全体会议	大力提高诉讼服务信息化、智能化水平，全面提升审判执行工作智能化水平
2020年①	1月17日	全国高级法院院长会议	探索移动互联时代诉讼新模式，深化应用各类在线纠纷解决平台，整合优化线上、线下纠纷解决资源，全面提升诉讼服务信息化、智能化水平；积极推进大数据、人工智能、区块链等科技创新成果同审判执行工作深度融合，努力攻克以智慧法院人工智能技术为标志的一批关键技术，大力推动"智审、智执、智服、智管"建设，扎实推进电子卷宗随案同步生成及深度应用，以电子卷宗为基础全面推进智能化辅助办案工作，推动智慧法院建设向更高层次发展

① 参见陈甦、田禾主编：《中国法院信息化发展报告 No.5》(2021)，社会科学文献出版社2021年版，第353—354、357页。

(续表)

年份	日期	会议名称	讲话内容
2020年	4月2日	最高人民法院网络安全和信息化领导小组2020年第一次全体会议	进一步做好顶层设计，抢抓机遇，狠抓落实，加快推进"智审、智执、智服、智管"建设，全面提升智慧法院建设水平，加快审判体系和审判能力现代化。进一步运用大数据、云计算、区块链、人工智能、5G等前沿技术加强审判执行工作，不断提高人民法院化解矛盾纠纷和诉讼服务能力水平
	6月2日	全国法院学习贯彻2020年全国两会精神视频会议	全面深化智慧法院建设，巩固拓展新冠肺炎疫情期间智慧法院建设应用成果，推动5G、人工智能等现代科技在司法领域深度应用，深化中国移动微法院建设和应用，建立健全具有中国特色的互联网司法新模式和规则体系
	9月1日至2日	全国高级法院院长座谈会	突出在线融合关键取向，推动在线解纷和智慧诉讼服务实现现代化转型；加快构建全流程一体化在线诉讼服务平台，将线下服务项目全部集成到线上，提高在线服务精准化水平，实行一网通办
	9月23日	互联网法院工作座谈会	深化互联网司法改革创新，进一步加强互联网法院建设，努力把互联网司法工作提高到新水平
	10月21日	智慧法院大脑建设专家座谈会	智慧法院大脑是智慧法院建设的重要领域和中枢架构，要围绕应用场景，坚持问题导向，发掘司法和信息技术融合的规律，不断创新应用范式和规则；要通过建设司法数据中台和智慧法院大脑推进智慧法院建设迭代升级，展现中国特色社会主义法治道路的无限广阔前景；要努力形成数据驱动，通过人工智能、云计算等方式，为审判执行工作提供"泛在服务"，为人民群众提供便捷高效的法律服务，以开放的姿态和创新的思维共同开创智慧法院建设新格局

（续表）

年份	日期	会议名称	讲话内容
2020年	11月13日	最高人民法院网络安全和信息化领导小组2020年第二次全体会议	全面推广电子诉讼深入应用，全面推进一站式多元解纷和诉讼服务体系建设，要加强智能审判、智慧执行辅助研究及应用，要积极探索智慧法院大脑和司法数据中台建设，要加强关键信息基础设施、质效型运维管理和安全防御能力建设
	12月3日	全国法院第七次网络安全和信息化工作视频会议	加快推进人民法院信息化4.0版建设，确保2022年年底基本建成、2025年年底全面建成以知识为中心的信息化4.0版。要突出司法数据中台、智慧法院大脑的智慧引擎作用，要全面推进一站式多元解纷和诉讼服务体系建设，要加强电子卷宗深度应用，要大力推动执行指挥中心实体化运行，全方位升级执行办案平台，要系统整合各类应用，提升司法行政工作信息化水平
2021年①	2月25日	最高人民法院司法改革领导小组2021年第一次会议	聚焦基础性、攻坚性改革，健全一站式多元纠纷解决和诉讼服务体系，深入开展民事诉讼程序繁简分流改革试点工作，在更高起点上深化互联网司法建设
	5月13日	最高人民法院网络安全和信息化领导小组2021年第一次全体会议	全面深化智慧法院建设，以司法数据中台、智慧法院大脑、在线法院建设为牵引，推进人民法院信息化4.0版建设，促进审判体系和审判能力现代化
	11月18日	最高人民法院网络安全和信息化领导小组2021年第二次全体会议	紧紧抓住新一轮科技革命机遇，坚持创新引领，加强应用整合，持续推进司法数据中台、智慧法院大脑、在线法院建设，全面提升智慧法院建设水平，加快推进审判体系和审判能力现代化

① 参见陈国平、田禾主编：《中国法院信息化发展报告No.6》（2022），社会科学文献出版社2022年版，第353—354、357页。

2. 兼顾"对内"和"对外"层面的应用

由上文分析可以看到,本阶段的信息化建设既注重"对内"管理和服务,又注重"对外"服务与沟通。在"对内"管理服务方面,业务系统在替代传统体力劳动、服务法官办案方面效果突出。这是本阶段信息化建设的一大特征。而在"对外"服务方面,本阶段的信息化建设进一步扩展了上一阶段的建设内容,在司法公开、司法便民等领域,特别是在诉讼服务方面开展了更多探索。例如,在司法公开方面,本阶段的司法公开已经由上一阶段的"裁判结果公开"转向"审判流程、裁判文书以及执行信息"的公开,司法公开的范围显著扩大、成效更为明显。又以司法为民为例,在上一阶段,信息化在便利诉讼方面的举措还相对有限,而到了本阶段,随着网上立案、网上开庭、远程作证等系统的开发和应用,诉讼的便利性大为改善。

3. 以智能化和在线化为重要特征

在本阶段,大量的辅助法官办案的业务系统相继投入使用,例如智能文书检索、庭审语音自动识别、电子卷宗 OCR 识别、司法文书辅助生成等。而在上一阶段,相关的智能辅助办案系统还很少见,业务系统在辅助法官办案方面作用还相对有限。不仅如此,在新冠肺炎疫情的影响下,人民法院大力推进互联网司法、在线诉讼,一种新型的司法审理模式正悄然被重塑。[①] 据最高人民法院披露,在过去的五年间,人民法院通过在线方式调解纠纷 3832 万件,通过在线服务平台,可实现立案、交费、调解、开庭、执行等"一网通办",司法服务全天候"不打烊"。[②]

[①] 参见左卫民:《后疫情时代的在线诉讼:路向何方》,载《现代法学》2021 年第 6 期;谢登科:《在线诉讼中证人出庭作证的场域变革与制度发展》,载《法制与社会发展》2023 年第 1 期。

[②] 参见周强:《最高人民法院工作报告(全文)——2023 年 3 月 7 日在第十四届全国人民代表大会第一次会议上》,载最高人民法院网(https://www.court.gov.cn/xinshidai-xiangqing-391381.html),访问日期:2023 年 3 月 26 日。

五、小结：司法信息化建设的总体特征

上文梳理了人民法院信息化发展的四个历史阶段,在这一梳理过程中,笔者发现,尽管不同时期人民法院的信息化建设在开展背景、开展方式以及建设特征方面存在着某种区别。但整体来看,不同历史阶段的信息化建设也呈现出一些总体特征,具体归纳如下。

(一)信息化建设内容的阶段性

回顾人民法院的信息化发展历程,可以发现,人民法院的信息化建设具有显著的阶段性,分步实施特征明显。在较长一段时期,最高人民法院都针对不同层级的法院、不同地域的法院采取了差别化的信息化建设方案。这一特征在不同的历史时期都有较为明显的体现。

例如,2003 年最高人民法院在发布《人民法院信息网络系统建设实施方案》时,就针对不同层级法院在"视频会议系统"的建设进度方面规定了不同的建设期限,要求 2003 年底前完成"最高人民法院至各高级人民法院、新疆建设兵团分院、计划单列市中级人民法院的视频会议系统建设",2005 年底前完成各高级人民法院至中级人民法院的视频会议系统建设。

又以 2005 年最高人民法院发布的《国家"十一五"规划期间人民法院物质建设规划》为例,有关局域网、法院专网以及司法数据库建设问题,《国家"十一五"规划期间人民法院物质建设规划》同样针对不同层级、地域的法院设置了不同建设期限。例如,在局域网建设方面,前述规划要求东部地区中级人民法院、中西部地区中级人民法院及东部地区基层人民法院应分别于 2006 年底前、2007 年底前完成本院局域网建设,而中、西部地区基层人民法院则应分别于 2008 年底前、

2009年底前完成本院局域网建设,人民法庭则应于2010年底前接入基层人民法院局域网;在专网建设方面,《国家"十一五"规划期间人民法院物质建设规划》要求东中部地区人民法院、西部地区人民法院应分别于2006年底前、2007年底前完成法院二级专网建设;有条件地区人民法院应在2010年底前完成法院三级专网建设。

除前述两个例子外,司法公开三大平台建设也是这方面的例证。在建设进度方面,由于"各地经济条件和发展程度不一,东西部法院物质装备和科技力量差异较大",最高人民法院要求"三大平台建设的推进工作不能搞'一刀切',更不能急躁冒进,必须脚踏实地,立足实际,有计划、有目标、分批分期稳步推进"。最高人民法院提出,"最高人民法院、各高级人民法院、司法公开示范法院、三大平台试点法院和经济发达地区的法院,应当率先推行"①。

之所以会出现"分步实施"的现象,笔者认为有两方面的原因:

一方面,就纵向层面来看,地方法院尤其是中基层法院,数量众多且财力较差,缺乏大规模开展信息化建设的物质基础。在法院的层级体系中,不同层级的法院具备不同的物质基础。通常来说,上级法院的财力更为雄厚,因而能够为信息化建设提供更为雄厚的资金,充足的经费投入是信息化开展的基本前提。因此,就法院的物质基础而言,是"倒三角"的。事实上,正如有论者所指出的,"国家财力分布呈倒金字塔形,越往上财力越充足,越往基层财政越困难"②。苏力也谈到,"我没听说过省级以上法院拖欠工资的事",但"有些县地方财政非常紧张"。③ 这大致描绘了法院系统内部不同层级之间的物质基础

---

① 李少平:《在全国法院司法公开工作推进会上的总结讲话》(2013年11月27日),载最高人民法院编:《中国法院司法改革年鉴》(2013年卷),人民法院出版社2018年版,第101页。

② 苏泽林主编:《司法行政管理改革的路径与成效》,人民法院出版社2013年版,第16页。

③ 苏力:《送法下乡——中国基层司法制度研究》,北京大学出版社2011年版,第251页。

差异。由于这种差异的存在,使得最高人民法院在推进信息化建设的时候,时常会针对不同层级法院的信息化建设作出区别性安排。通过优先、重点建设省级人民法院、中级人民法院的信息网络等,在建好高、中级人民法院的基础上,再进一步向基层人民法院、人民法庭全面铺开。

与此同时,在中国的法院体制下,最高人民法院对地方法院、上级人民法院对下级人民法院仅具有法律意义上的"监督指导"职责。在这样的背景下,最高人民法院要想确保其对整个法院系统的影响力,就必须牢牢抓住省级法院这个"关键少数"。通过建好"省级法院"这个"关键少数",最高人民法院能够在资源约束的背景下最大限度地确保其对省级法院的影响力,进而通过省级法院向下"输送"影响力。因此我们看到,在人民法院的早期、中期的信息网络建设规划中,最高人民法院到省级、中级人民法院的专网建设,一直都是法院信息化建设的优先项目。

另一方面,从横向层面来看,不同地域法院之间的物质条件同样差别巨大。因此我们看到,除不同层级法院的政策差别之外,最高人民法院事实上还针对不同地域法院制定了有区别的发展政策。对此,有论者就谈到,由于历史进程或者机遇以及地域特点的不同,尤其是"区域经济社会发展不均衡",导致基层人民法院信息化建设进度不一,不可避免会出现各地社会发展进程快慢不一的现象。① 考虑到不同地区法院在资源禀赋、办案任务等方面的差异性,针对不同地区制定不同的发展规划及建设进度,无疑具有相当的合理性,客观上也是一种必然。

(二)信息化推进模式的变动性

在人民法院信息化的历史进程中,人民法院的信息化在推进模式

---

① 参见高建萍:《基层法院信息化建设存在的问题及对策》,载《江苏经济报》2018 年 6 月 27 日,第 B03 版。

方面经历了诸多变迁。在人民法院信息化的第一阶段、第二阶段,由于地方对法院信息化缺乏准确定位,这一时期的法院信息化建设主要是依靠"自上而下"的高位推动。而当地方法院的物质装备条件得到一定的改善,信息化水平得到一定的发展并逐渐融入国家"电子政务"发展体系之后,地方法院的信息化实践开始勃然兴起,地方创新成为重要特征,形成与最高人民法院并行的推动力量(自下而上)。中共十八大之后,伴随着国家数字战略的转型,人民法院信息化的建设重点也开始转向对审判信息资源的开发和利用上,由于最高人民法院掌握了审判资源汇集的优势和权力,因此这一时期最高人民法院再次发挥了重要的"统筹"与"整合"作用。而地方法院的信息化实践也日渐趋于"热闹",由此出现"上下并行"的推进模式。因此,总结起来,我国人民法院的信息化建设事实上遵循了"由上到下——由下到上——上下并行"的发展路径(特定时期可能存在交叉)。

1."自上而下"的推进模式

在我国信息化建设过程中,"自上而下"的推进模式是人民法院开展信息化建设的一种重要方式。这种自上而下的推进机制主要体现在全国性的信息化建设规划发布、定期的信息化建设成果检查以及最高人民法院主导下部分软硬件系统的推广应用等,其中以发布信息化建设规划最为重要。在建设规划发布方面,例如,1996年最高人民法院在发布《全国法院计算机信息网络建设规划》时,即将"统一领导、统一规划、统一标准"原则作为信息化建设的首要原则,强调"决不允许各自为政、各搞一套,避免低水平重复建设和使网络建设复杂化"。2002年,最高人民法院发布的《人民法院计算机信息网络系统建设规划》再次强调"计算机信息网络系统"建设的"统一领导、统一规划、统一标准"原则,要求"有组织、有计划地实施,避免低水平重复建设"。除此之外,在最高人民法院发布的《关于推进司法公开三大平台建设的若干意见》中,也提出要"统一规划,有序推进"。根据该意见,人民法院应当在最高人民法院的统一指导下,在各高级人民法院的统筹规划下,立足实际,循序渐进,有计划、分批次地推进司法公开三大平台建设。

2. "自下而上"的推进模式

自下而上的推进模式是指在信息化推进过程中,由下级法院开发应用软件,并向上级法院(乃至全国法院)推广的情形。地方创新是法院信息的另一个显著特点。例如,北京市高级人民法院在 2006 年制定的《关于鼓励结合审判工作开发计算机软件的若干规定(试行)》,就提出"鼓励全市法院积极结合审判工作中的难点问题开发计算机软件,北京市高级人民法院在政策或资金上给予支持或倾斜"[①]。又如,最高人民法院发布的《人民法院计算机信息网络系统建设规划》也指出:"各高级人民法院可以根据当地的实际情况,按照网络应用软件技术标准,在辖区内统一开发软件。根据统一应用软件和系统任务的要求配置硬件系统,加快建设进度。"《国家"十一五"规划期间人民法院物质建设规划》也明确提出,在个性化软件开发方面,在确保"各级人民法院在功能、流程、逻辑数据结构等统一的基础上",允许各级法院根据实际情况进行必要的、合理的个性化开发。除此之外,最高人民法院《关于推进司法公开三大平台建设的若干意见》中甚至还专门要求,"司法公开示范法院和信息化建设有一定基础的法院,应当率先完成建设任务",等等。可以看到,最高人民法院已经认识到"自上而下"的信息化建设所面临的局限性,开始有意识地发挥地方各级法院的能动性。

在这其中,电子签章系统、"大法官法律检索系统"、远程立案系统以及执行信息管理系统等就是"自下而上"模式的代表。就以电子签章的应用推广来说,2001 年 5 月 22 日,北京市朝阳区人民法院自行研

---

① 池强主编:《北京法院电子政务建设探索与实践》,人民法院出版社 2010 年版,第 186 页。

发的"司法文书电子签章系统"通过了最高人民法院政治部、北京市高级人民法院、北京市公安局原特行管理处的鉴定,批准使用推广。2001年10月25日,为了尽快解决好人民法庭裁判文书盖章难的问题,北京市高级人民法院为全市55个人民法庭配备了朝阳区人民法院开发的"司法文书电子签章系统"。① 又以"大法官法律检索系统"为例,1994年12月8日,北京市高级人民法院研究室将与北京中天软件技术开发公司联合研制开发的"大法官法律检索系统"在最高人民法院进行演示和汇报。在此之后,向全市各级人民法院审判部门推广该系统。② 再以远程立案系统为例,2003年,北京市海淀区人民法院山后人民法庭研发了"人民法庭远程立案系统",受到时任最高人民法院立案庭庭长黄尔梅的充分肯定。在此之后,北京市高级人民法院印发《关于在本市法院部分人民法庭建设远程立案系统的通知》,确定在全市法院建设人民法庭远程立案系统。③

在福建省,厦门市湖里区人民法院于2003年开发了执行信息管理系统。2004年6月22日,厦门市中级人民法院召开会议,在厦门法院推广"执行信息管理系统"。2004年7月29日,最高人民法院执行指挥办公室在湖里区人民法院召开"全国法院执行信息现场会",在全国法院推广执行信息管理系统。④

3."上下并行"的推进模式

正如上文所述,在2013年之前,人民法院的信息化推进模式经历了"自上而下"再到"自下而上"的过程。"自上而下"模式与"自下而

---

① 参见池强主编:《北京法院电子政务建设探索与实践》,人民法院出版社2010年版,第178页。

② 参见池强主编:《北京法院电子政务建设探索与实践》,人民法院出版社2010年版,第139、175页。

③ 参见池强主编:《北京法院电子政务建设探索与实践》,人民法院出版社2010年版,第182页。

④ 参见最高人民法院编:《人民法院改革开放三十年·大事记(1978—2008)》,人民法院出版社2008年版,第209页。

上"模式的出现,都有着特定的时代背景。作为一项高投入、复杂化而且长期性的工作,"自上而下"的推动机制无可避免。如果没有最高人民法院的强力推动,地方法院根本就没有这么大的动力去推进信息化建设。以一个基层人民法院的信息化建设投入为例,在2002—2007年间,新泰市人民法院用于信息化建设的投资就达到了960余万元①,对于一个基层法院而言,这无疑是一笔很大的支出。可以说,信息化建设必然要进行高位推动。当然,"自上而下"模式也面临着一些问题,因为"自上而下"模式强调信息化建设的整体性、系统化、标准化,突出管理需求和监管职能。② 这种推进模式有可能导致对下级法院的信息化需求关注不足,从而降低下级法院配合的动力。

相比之下,"自下而上"模式则具备更大的灵活性,实用性往往也比较强。在"自下而上"模式之下,地方法院的信息化建设往往更加重视实用性、个性化、特殊性,强调实用价值。因此,两种建设逻辑难免会存在某种冲突。当然,"自下而上"模式也面临诸多局限,特别是信息化建设的盲目性,导致不同地域、不同层级法院间"数字鸿沟"持续扩大,极大地增加了标准统一、信息整合的困难。正如有论者谈到的,"由各基层法院独力开展的信息化建设,一开始就存在规划系统性、前瞻性、实用性不足等问题"③。中国社会科学院法学研究所国家法治指数中心的评估报告也指出,"各地法院的信息化建设差异较大,各自为重、多头开发、重复建设问题十分突出"④。

---

① 参见石洪彬:《打造承载公正与效率的便民诉讼快车——山东省新泰市人民法院坚持改革创新促发展》,载《中国审判》2007年第2期。
② 中央和地方法院在推进法院信息化方面的考虑并不完全相同。对最高人民法院而言,司法管理和司法控制是其最为重要的目的;对地方而言,则更多考虑诉讼效率、诉讼便利化等问题。
③ 高建萍:《基层法院信息化建设存在的问题及对策》,载《江苏经济报》2018年6月27日,第B03版。
④ 李林、田禾主编:《中国法院信息化发展报告No.1》(2017),社会科学文献出版社2017年版,第51页。

到了 2013 年前后,特别是党的十八大以后,最高人民法院加强了信息化建设的顶层设计。与此同时,随着全国各级人民法院的信息网络的全覆盖,各级人民法院开始深入推行核心业务信息化应用,由此涌现出大量的信息化建设成果。一时间,人民法院的信息化建设呈现出"上下并行"的特点,司法信息化建设"如火如荼"地推进。

(三)信息化发展理念的渐进性

人民法院的信息化经历了由自主发展到国家支持、由局部建设到全面发展的历史变迁。1991 年,最高人民法院发布通知,决定设立"计划财务装备局"和"技术局"。根据通知,"计划财务装备局负责管理全国法院系统的计划、财务、物质装备及'两庭'建设工作……技术局负责管理全国法院系统的法医技术、计算机技术、通信技术等工作"①。2002 年 11 月 14 日,最高人民法院信息化领导小组成立,最高人民法院副院长姜兴长担任组长。② 信息化领导小组下设办公室,负责日常工作。③ 从人民法院有关信息化领导机构的变迁情况来看,最高人民法院对信息化建设问题日趋重视。此外,从各个不同时期信息化的定位来看,也可以看到这种趋势。在三十多年的发展过程中,人民法院的信息化定位由"物质装备的现代化"到"向科技要审判力"、到"科技强院",再到"车之两轮、鸟之两翼",清晰地勾勒出人民法院信息化发展理念的变迁。信息化由最初的单纯效率提升工具逐渐演变成实现法院审判体系和审判能力现代化的重要载体,足见其变化之大。

---

① 《人民法院年鉴》编辑部:《人民法院年鉴·1991》,人民法院出版社 1994 年版,第 428 页。

② 值得一提的是,最高人民检察院办公厅在 1991 年 4 月 11 日就成立了自动化办公室,1999 年最高人民检察院成立了信息化领导小组,由最高人民检察院副检察长兼任组长。参见钟福雄主编:《检察信息化应知应会手册》(第 1 版),中国检察出版社 2019 年版,第 13 页。

③ 参见最高人民法院编:《人民法院改革开放三十年·大事记(1978—2008)》,人民法院出版社 2008 年版,第 80 页。

（四）信息化服务对象的扩展性

在人民法院的信息化发展进程中，信息化建设实现了从注重内部管理到注重外部服务的变化。通过对不同历史时期法院信息化建设内容的梳理，可以清楚地看到，在人民法院信息化建设初期，其服务对象是相对单一的——主要是以法院及法官自身为服务对象。信息化建设的目标主要是促进法院之间的通联、提升办案方式的现代化水平，以及强化司法管理等。一段时期内，信息化建设主要立足于法院自身工作，外部服务功能相当有限。如1996年最高人民法院印发的《全国法院计算机工作"九五"计划纲要及2010年远景目标设想》就提出，"在满足法院本身工作需要的同时，通过多种渠道和手段向社会提供信息咨询和信息服务，并通过技术工作扩大社会影响"。但与此同时，又强调"信息技术社会化"服务的对象主要是"其他执法部门和法律工作者"。随着法院信息化的深入推进，信息化在服务司法审判和司法管理的同时，逐渐扩展到司法公开、司法便民等方面，由最初的"效率提升"到强调提供"全方位服务"，由专注法院自身的功能实现到兼顾法院的形象塑造、参与社会治理等。例如，《人民法院信息化建设五年发展规划（2013—2017）》就提出，要"与人口、法人单位、宏观经济等国家基础信息资源库相结合，提高科学决策、审判服务和公共服务水平，促进与其他部门的信息共享和业务协同水平……加强审判信息资源在立法和宏观经济调控方面的应用"等。可以看到，随着人民法院信息化的深入发展，信息化服务的对象范围越来越广，承载的功能亦越来越多样化，"服务型"司法正逐渐成形。

第三章 司法信息化推进的内在动力

前文对人民法院信息化发展的四个历史阶段进行了梳理,分析了不同历史时期的建设背景、建设展开以及建设特点。在此基础上,归纳了人民法院信息化建设的总体特征。在梳理前述历史的过程中,笔者隐约意识到,人民法院信息化的开展受到复杂因素的"刺激"和影响。那么,人民法院的信息化究竟缘何兴起?导引人民法院推进信息化建设的内在动力和制度逻辑又是什么?事实上,纵观人民法院三十多年的信息化发展历史,可以发现,不同历史阶段法院信息化的开展都不是受单一因素的影响,而是追求多维价值目标的结果。在这其中,既有宏观层面的政治环境因素,又有微观层面的司法审判和法院管理等因素;既有客观层面的因素,也有主观层面的动因;既有法院内部的因素,也有法院外部的因素。正是在多重因素的综合影响之下,人民法院的信息化建设才勃然兴起并深入推进。接下来,本章将主要围绕"司法信息化推进的内在动力"问题展开,从多种维度来阐释人民法院信息化兴起及展开的内在逻辑。

一、适应国家信息化发展战略需要

服从党和国家的"中心工作"是人民法院的基本任务和重要传统。

彭真同志讲"公、检、法的任务,总是围绕着党和国家即全国人民的任务的"①。罗干同志强调,"政法机关的一切工作部署,都要贯彻党的路线方针政策"②。时任最高人民法院院长任建新也谈到,"党的大事,国家的大事,人民的大事,就是我们法院的大事"③。有论者进一步指出,"中国语境下司法与政治的互相关系没有发生根本性变化",政法机关仍然是"负责落实执政党在司法领域各种决策的执行部门,司法对政治服从一如既往"。④

自改革开放,特别是20世纪80年代中后期以来,党和国家开始日益重视信息化建设工作。20世纪90年代,国家相继启动了以金关、金卡和金税为代表的重大信息化应用工程;党的十五届五中全会把信息化提到了国家战略的高度;党的十五届五中全会指出:"大力推进国民经济和社会信息化,是覆盖现代化建设全局的战略举措。以信息化带动工业化,发挥后发优势,实现社会生产力的跨越式发展。"⑤党的十六大进一步作出了"以信息化带动工业化,以工业化促进信息化,走出一条新型工业化路子"的战略部署;党的十六届五中全会进一步强调,"推进国民经济和社会信息化"。

通过考察人民法院信息化的发展历史,可以清晰地看到,人民法院的信息化发展脉络总体上依循了国家信息化发展的脉络,并与国家的信息化发展方略、发展路径、发展阶段保持着总体一致性。可以说,"跟随国家信息化发展脚步"是人民法院信息化的显著特征。事实上,自20世纪90年代中后期国家推行"国民经济和社会信息化"伊始,人民法院即实时提出了自身的信息化发展规划——"物质装备的现代

---

① 彭真:《论新中国的政法工作》,中央文献出版社1992年版,第190页。
② 罗干:《罗干谈政法综治工作》,中国长安出版社2015年版,第315页。
③ 任建新:《政法工作五十年——任建新文选》,人民法院出版社2005年版,第320页。
④ 左卫民:《中国法官任用机制:基于理念的初步评析》,载《现代法学》2010年第5期。
⑤ 国务院信息化工作办公室:《大力推进国民经济和社会信息化》,载《人民日报》2002年10月31日,第5版。

化"。自20世纪90年代中后期到21世纪初,即使缺乏国家专项信息化建设规划的支持,人民法院仍积极争取地方党委、政府的支持,大力推进以电子计算机为代表的现代化办公设备的应用及基础信息网络建设。2001年12月27日,国家信息化领导小组召开了第一次会议,决定把"电子政务建设作为今后一个时期我国信息化工作的重点,政府先行,带动国民经济和社会信息化"①。在此之后不久,2002年11月14日,最高人民法院也成立了信息化领导小组,时任最高人民法院副院长姜兴长担任组长。② 事实上,诚如时任最高人民法院副院长姜兴长谈到的,"加强人民法院信息化工作,是落实党中央战略决策的重要行动"③。时任最高人民法院院长周强也认为,"加强人民法院信息化工作,是服务党和国家工作大局、实施国家信息化发展战略的必然要求"④。由此可见,人民法院的信息化发展历史,某种程度上就是人民法院自发地、主动地融入国家信息化发展战略的历史,是与国家信息化发展战略"同频共振"。

二、应对日益严峻的审判执行形势

(一)人案矛盾问题

自改革开放以来,人民法院的案件数量一直呈增长态势。有论者

---

① 国务院信息化工作办公室:《大力推进国民经济和社会信息化》,载《人民日报》2002年10月31日,第5版。
② 参见最高人民法院编:《人民法院改革开放三十年·大事记(1978—2008)》,人民法院出版社2008年版,第80页。
③ 姜兴长:《加强人民法院信息化工作 为社会主义司法制度提供坚强保障》,载《人民司法(应用)》2007年第17期。
④ 最高人民法院编:《中国法院司法改革年鉴》(2013年卷),人民法院出版社2018年版,第119页。

统计了我国 1978 年到 2002 年民事诉讼率的变化,1978 年到 2002 年间,民事案件由最初的 300787 件(31.46 件/10 万人)上升到 2002 年的 4420123 件(345.21 件/10 万人),案件数量增长了 13.7 倍,民事诉讼率则增长了 9.97 倍,民事诉讼率的年增长率达到 11.13%,按照该论者的观点,"这个数字意味着诉讼率每隔五年半就翻一番"①。到了 2008 年,人民法院的案件数量已经达到 800 多万件。正如时任最高人民法院院长王胜俊谈到的,三十年来,人民法院受理的案件数量由 "1978 年的 50 万件(这里是指全部案件数量——笔者注),大幅上升到 2007 年的 885 万余件,增长了 16 倍"②。进入 2008 年以后,人民法院的案件数量持续增加。据时任最高人民法院审判委员会专职委员胡云腾透露,"人民法院每年受理的案件量不断攀升","每年受理案件都在 1000 万件以上",不仅数量大,而且新类型案件、复杂案件多,调判难度大,"人民司法工作面临更大的压力和挑战"。③ 近年来,随着立案登记制改革的实施,人民法院的案件数量再次出现"激增"。根据最高人民法院 2023 年的工作报告,在过去的五年中,地方各级人民法院和专门人民法院受理案件的数量已经超过 1.47 亿件。④

表 3-1 统计了最高人民法院自 2001 年以来的工作报告,可以看到,伴随着人民法院案件受理数量的持续增加,"人案矛盾"问题开始凸显,并成为一直困扰人民法院的"顽疾"之一。2016 年,人民网通过对近十年三任最高人民法院院长的工作报告的梳理发现,2006 年到

---

① 民事诉讼率=民事案件收案数/年平均人口。参见冉井富:《当代中国民事诉讼率变迁研究——一个比较法社会学的视角》,中国人民大学出版社 2005 年版,第 5—7 页。
② 参见最高人民法院编:《人民法院改革开放三十年·文集》,人民法院出版社 2008 年版,第 1 页。
③ 胡云腾、孙争鸣:《解读〈最高人民法院关于切实践行司法为民大力加强公正司法不断提高司法公信力的若干意见〉》,载最高人民法院研究室编:《司法文件选解读》,人民法院出版社 2015 年版,第 575 页。
④ 参见周强:《最高人民法院工作报告》,2023 年 3 月 7 日在第十四届全国人民代表大会第一次会议上。

2016年间,"案多人少"等是经常出现的高频词。① 法院收案数量的空前增多所引发的"人案矛盾"问题引起了政法系统领导的注意。2006年,在全国政法工作会议上,时任中央政法委书记罗干就曾指出:"司法能力与人民群众日益增长的司法需求不相适应的矛盾,成为我们应当认真面对的现实问题。"②

为了解决"人案矛盾"问题,改变传统的办案方式,引入现代化办公设备开始提上日程。郑天翔指出:"手工办法是不行了,就要采用现代化的办法。"③有论者提出,"缓解这一矛盾的主要出路之一就在于实现法院工作现代化,向现代化要效率,向科技要人力,用科学技术武装我们的审判人员"④。有论者也谈到:"面对人少案多的局面,人民法院既要保证在法庭期限内完成审判工作,还要保证审判程序合法和审判公正。这就要求法院采取一切可能的手段,提高审判效率,同时保证和提高审判质量",在该论者看来,人民法院必须"利用现代科技手段提高法院工作各环节的工作效率和质量"⑤。在这样的背景下,人民法院开始有意识地引入现代化办公设备,提升法院的信息化水平。

表3-1 人案矛盾报告内容

工作报告年份	人案矛盾问题
2001年	审判任务越来越重、案件数量大幅上升与人力不足、法官素质不适应的矛盾日益突出

---

① 参见李婧:《三任最高法院院长都在强调 10 年间工作报告必写的是啥内容?》,载人民网(安徽频道)(http://ah.people.com.cn/n2/2016/0314/c358314-27924433.html),访问日期:2019 年 6 月 30 日。
② 罗干:《罗干谈政法综治工作》,中国长安出版社 2015 年版,第 301 页。
③ 郑天翔:《行程纪略》,北京出版社 1994 年版,第 496 页。
④ 宝玉:《转变传统观念 提高科技意识——速录机在庭审中的运用》,载《人民司法》1998 年第 6 期。
⑤ 池强主编:《北京法院电子政务建设探索与实践》,人民法院出版社 2010 年版,第 4—5 页。

(续表)

工作报告年份	人案矛盾问题
2006 年	一些东部沿海地区和大中城市基层法院存在案多人少的矛盾,不少基层法院超负荷工作的状态亟待改善
2007 年	大部分东部沿海地区和大中城市基层法院案多人少的矛盾依然比较突出
2009 年	2008 年全国各级法院审结案件数量是 1978 年的 19.5 倍,在数量大幅增长的同时,案件类型更加多样,处理难度越来越大,但人员数量仅增加了 1.68 倍,案多人少的矛盾日趋突出
2010 年	案件数量持续增长,案多人少的矛盾日益突出
2011 年	一些法院仍然存在案多人少、法官断层、人才流失、经费不足等困难
2012 年	人民法院受理案件数量持续增长,基层法官超负荷办案的现象比较普遍
2013 年	案多人少矛盾有所缓解
2014 年	随着案件数量持续增长,人民法院办案压力越来越大,部分法院案多人少、人员流失、法官断层等问题仍然比较严重
2015 年	随着人民法院办案数量持续快速增长,新类型案件数量大量增加,办案压力越来越大,一些经济发达地区一线法官人均办案高达 300 多件,案多人少、人才流失问题突出
2016 年	人民法院受理案件数量持续增长,新类型案件数量大量增加,办案压力和难度越来越大,一些法官长期超负荷工作
2017 年	人民法院受理案件数量持续增长,一些法院办案压力巨大,有的法官常年超负荷工作,身心状况堪忧
2018 年	人民法院受理案件数量呈逐年攀升态势,一些法院办案压力巨大,有的法官长年超负荷工作,身心状况堪忧
2019 年	一些法院办案压力巨大,有的法官常年超负荷工作
2020 年	一些法院人案矛盾突出,办案压力大,一些边远地区基层法院招人难、留人难问题突出
2021 年	一些法院招人难、留人难问题尚未得到很好的解决,一些法院人案矛盾依然突出
2022 年	专业化人才,尤其是涉及法治人才短缺问题比较突出,一些法院案多人少、招人难、留人难等问题尚未得到有效解决

(续表)

工作报告年份	人案矛盾问题
2023 年	部分中级、基层法院办案压力大

(二)审判效率问题

审判效率是衡量办案效果的一个重要维度。一直以来,受各种条件的制约,司法审判效率不高。而其中的一个重要方面,就是"超审限"和"积案"问题。1992 年 1 月 12 日,在全国高级法院院长会议上,任建新指出,"办案质量和办案效率逐年有进步,办案的社会效果也愈来愈好。但是也还存在一些问题,有的问题还比较严重……办事拖拉、效率不高的问题。"①1997 年,在最高人民法院党组扩大会议上,任建新再次谈到,"从法院自身问题看,主要有几个方面:……三是办案效率低,办事拖拉。有些案件几年办结不了,给当事人造成很大损失。有的代表给我写信,信写得很客气,说建新同志、任院长,我是对最高法院寄予很大希望,对于你院长也寄予了很大希望,但有一个案子,提了三年了,每次开会都提,每次提了以后任院长反应都很快,很虚心,马上派人给我作介绍,介绍这个案子办得如何了,现在有什么问题,如何抓紧办,可到今年是第三年了,还是没有结果……我们有的庭,案件压得不止三年,恐怕时间更长。"②

进入 21 世纪,超审限、积案问题似乎并未得到根本解决。2003 年年初,时任最高人民法院副院长曹建明在调研中发现一些法院"超审限办案问题较为突出,影响了司法公正与高效的实现"③。2007 年,时

---

① 任建新:《政法工作五十年——任建新文选》,人民法院出版社 2005 年版,第 302 页。
② 任建新:《政法工作五十年——任建新文选》,人民法院出版社 2005 年版,第 345 页。
③ 《公正司法,法院工作的灵魂和生命——访最高人民法院常务副院长曹建明》,载《中国人大》2007 年第 23 期。

任最高人民法院院长肖扬也指出,"民事审判实践中,一些案件无正当原因审理期限较长的现象仍然存在",要求各级法院"进一步提高办案效率,建立科学高效的案件流程管理制度,尽可能地明确从收案到结案各主要环节的工作期限……确保案件能够在审限内审结,坚决杜绝人为因素的拖延"①。表 3-2 统计了 1997 年以来最高人民法院工作报告中有关"超审限""积案"问题的内容,可以看到,超审限、积案问题是多年来人民法院长期面临的司法难题。

表 3-2　超审限、积案问题报告内容

工作报告年份	报告内容
1997 年	有些案件久拖不决,超过审限
1998 年	有的审判人员作风拖拉,致使少数案件不能在法定期限内审结
1999 年	一些法官作风拖拉,少数案件久拖不决
2001 年	进一步加强审限管理,建立审限警示、催办和通报制度,对超审限案件实行责任到人,限期结案②
2002 年	推行案件流程管理制度,保证案件在法定期限内审结,使当事人尽快解脱纠纷
2003 年	超审限办案问题依然存在
2004 年	针对刑事案件中超期羁押问题比较严重的情况……建立清理超期羁押案件周报制度,定期通报
2006 年	有的法官审判作风拖拉,办案效率不高,存在超审限现象;在全国范围内开展为期半年的集中清理执行积案活动
2007 年	有的案件办理周期长,超过法定审理期限;开展了为期半年的集中清理执行积案活动
2010 年	一些案件久拖不决,群众意见较大;严格审限制度,开展专项检查,着力解决一些案件超审限问题

---

①　肖扬:《建设公正高效权威的民事审判制度　为构建社会主义和谐社会提供有力司法保障》,载《中国审判》2007 年第 2 期。

②　根据最高人民法院 2001 年的工作报告,经过努力,最高人民法院清理超审限案件 385 件,全国法院共清理超审限案件 13.8 万余件,清理执行积案 47.5 万余件。相关内容参见最高人民法院 2001 年工作报告。

（续表）

工作报告年份	报告内容
2013 年	建立健全防控和清理超审限案件长效机制,提高审判质量
2015 年	进一步清理执行积案,诉讼拖延等问题有待进一步解决
2017 年	全面清理积案,摸清案件底数

对于超审限问题的发生,有论者认为,主要是因为程序法未能得到严格执行,缺乏审限意识。尤其是民事、经济案件,审限意识不是很强,仍按以往的习惯,什么时候有时间、方便,就什么时候办,这也是造成积案的原因。① 云南省高级人民法院的报告也认为,超审限问题虽然有"人手少、案件多,案情复杂、涉及面广,交通不便、取证困难"等客观原因,但缺乏依法办事的自觉性、办案效率不高等主观原因才是超审判期限问题的根本所在。② 此外,过去采取手工立案、人工追踪的方式,也的确很难对案件审限问题进行有效监控,客观上也加剧了部分案件"超审限"问题的严重程度。对于这一问题,时任海南省临高县人民法院院长刘嘉曾谈到,几年前该法院"案件流程缺乏专人管理、监督,传统的手工立案、人工跟踪的方式使案件超期审判的问题时有发生,甚至有一起案子拖了 19 年都未结案,引起了全国关注"③。

超审限和积案等问题引起的审判效率低下带来了负面影响,也成为人民法院推动信息化建设的重要原因。事实上,正如理查德·萨斯坎德所指出的,"如果裁判机构让人轻松负担得起,司法服务易于获取并快捷完成,那或许可以不必谈新兴技术了。但是现在法院系统已是陈旧不堪了。大多时候这个系统效率低、运行慢、价格贵"④。在这样的背景下,信息化手段开始日益受到法院系统的重视,作为提升司法

---

① 参见徐寿苹:《积案——沉重的包袱》,载《人民司法》1991 年第 6 期。
② 秦勉:《云南高院建立制度 强调法定期限结案》,载《人民司法》1987 年第 8 期。
③ 王明泽:《从临高法院看临高之变》,载《今日海南》2013 年第 7 期。
④ 〔英〕理查德·萨斯坎德:《法律人的明天会怎样?——法律职业的未来》,何广越译,北京大学出版社 2015 年版,第 112 页。

效率的重要载体。

(三)执行难问题

判决执行是兑现生效判决的关键一环,直接关系到法院裁判结果的权威性。正如乔石谈到的:"法院判了不算,这不行。这样会把法院搞得一点威信都没有了,那怎么算是法治呢?!"[1]但在较长一段时期,在多重因素的影响下,"执行难"问题一直是人民法院面临的主要司法"顽疾"之一。诚如何永军指出的:"自20世纪80年代中后期以来,执行难问题都是人民法院所面临的主要挑战。"[2]事实上,通过梳理最高人民法院历年的工作报告可以发现,"执行难"问题几乎每年都存在于最高人民法院的工作报告中。例如,1999年的工作报告指出,"近几年,未执行的积案明显增多",已经"影响了社会主义市场经济的正常运行和司法公正的实现"。又比如,2006年的工作报告中则指出,"执行难是多年来人民群众反映较为强烈、也是人民法院下大力气解决的重点问题之一"。事实上,直到2016年,最高人民法院还认为"执行难问题依然存在,当前在一些地方还比较突出"。执行难问题的长期存在,严重影响了人民法院的司法权威。据最高人民法院原副院长李国光回忆,"执行难"问题是困扰其在最高人民法院工作开始几年的一个主要问题。按照他的说法,自1996年2月至1999年11月,其主管了3年零9个月的全国法院执行工作,这3年9个月是执行工作任务最重、执行工作环境最恶劣的时期。[3]

长期以来,在执行过程中,"被执行人难找,执行的财产难寻,协助执行的部门难求,该执行的财产难于执行,特殊的被执行主体难碰,受

---

[1] 乔石:《乔石谈民主与法制》(上),人民出版社、中国长安出版社2012年版,第281页。

[2] 参见何永军:《断裂与延续:人民法院建设(1978—2005)》,中国政法大学出版社2018年版,第195—212页。

[3] 参见李国光:《我的大法官之路》,人民法院出版社2015年版,第261、270页。

到干预难办,对暴力抗拒执行的责任人难以追究"是普遍现象,致使执行案件积案逐年增多。1998年底,全国法院未执结案件近百万件,标的金额约2000亿元,案件执结率从1995年的75.50%下降到1998年的不到45%。① 1997年、1998年连续两年全国人大代表对最高人民法院工作报告所投的赞成票率不到70%,在李国光看来,与"执行难"问题愈演愈烈是有很大关系的。② 有鉴于此,最高人民法院不得不把解决"执行难"问题作为"严肃执法的重要工作"来抓。③ 解决"执行难"问题,成为人民法院在当前和今后一个时期的重要任务。④ 2005年,在全国规范执法行为经验交流会上,罗干指出:"目前一些地方把执法规范化与信息化结合起来,实行'网上办案''全程录音录像'等新办法,较好地解决了一些长期难以解决的顽症,各地要加快推广速度,加大推广力度。"⑤

表 3-3 执行难报告内容

工作报告年份	问题描述
1997 年	对人民法院生效的判决和裁定,大多数当事人能够自觉履行,但也确有一部分当事人拒不履行裁判确定的义务
1998 年	大多数当事人能够自觉履行人民法院的裁判,但也确有一部分当事人拒不履行裁判确定的义务,致使近几年来"执行难"问题比较严重
1999 年	"执行难"问题仍然存在;近几年,未执行的积案明显增多,影响了社会主义市场经济的正常运行和司法公正的实现,社会各界反映强烈。最高人民法院把解决"执行难"问题作为严肃执法的重要工作来抓,大力加强和规范执行工作
2001 年	对有履行能力而拒不执行的当事人坚决依法强制执行,绝不让人民群众对法的权威失去信心

---

① 参见李国光:《我的大法官之路》,人民法院出版社2015年版,第262页。
② 参见李国光:《我的大法官之路》,人民法院出版社2015年版,第264—265页。
③ 参见1999年最高人民法院工作报告。
④ 罗干:《罗干谈政法综治工作》,中国长安出版社2015年版,第66页。
⑤ 罗干:《罗干谈政法综治工作》,中国长安出版社2015年版,第237页。

(续表)

工作报告年份	问题描述
2002 年	一些法院民事案件执行困难的问题仍未得到缓解
2003 年	"执行难"问题仍未得到根本解决;加大工作力度,清理执行积案
2004 年	民商事案件执行难问题已经成为一大"顽疾"
2005 年	有的执行行为不规范,有些执行人员随意决定暂缓执行、中止执行,导致执行不力
2006 年	执行难是多年来人民群众反映较为强烈也是人民法院下大力气解决的重点问题之一
2007 年	有的案件执行不力,胜诉当事人的合法权益不能得到及时保障
2008 年	执行难问题没有得到根本解决
2009 年	执行难等问题还需要花大力气予以解决
2011 年	一些案件的诉讼难、执行难问题尚未得到解决
2012 年	执行难等问题虽有明显缓解,但还没有根本解决
2014 年	一些法院仍然存在立案难、诉讼难、执行难等问题
2016 年	执行难问题仍然存在,当前在一些地方还比较突出
2019 年	在有些方面、有些地区,执行难问题仍然存在,甚至较为突出

三、强化内部管理及促进对外沟通的迫切需要

作为一个正式组织,人民法院具有对内管理和外部交流的职能和需求。在对内管理方面,正如苏力所指出的,"只要设立了法院,行政管理就不可避免"①。原最高人民法院院长王胜俊也谈到,"法院工作中一些问题的产生都与案件有关,都与管理有关"②。为了更好地进

---

① 苏力:《送法下乡——中国基层司法制度研究》,北京大学出版社 2011 年版,第 59 页。
② 王胜俊:《创新和加强审判管理 确保司法公正高效——在全国大法官专题研讨班上的讲话》,载《人民司法(应用)》2010 年第 17 期。

行管理,上级法院必须了解下级法院、法院领导必须了解职能部门的信息,这就要求改革传统的信息获取机制。而在外部交流方面,随着人民法院所处的时代背景和社会环境的变迁,人民法院必须改变传统的对外沟通交流方式,强化司法透明、扩大对外沟通,以塑造更亲民、更便捷的沟通渠道和程序机制,具体阐释如下。

(一)法院组织规模的扩大

唐斯指出,"官僚组织有一种内在的扩张倾向,而不管是否真正存在服务的需要。事实上,所有的组织都具有内在的扩张倾向。"[①]中国的法院组织也一直处于"扩张"之中。自改革开放人民法院恢复重建以来,人民法院组织规模一直在持续扩大,体现为人民法院机构数量、法院内设机构数量的增加以及法院人员规模的扩大。

其一,人民法院机构数量的增加。根据最高人民法院的统计数据(见表3-4),截至1987年7月,全国法院系统共有法院数量3398个,包括中级人民法院362个(其中军事法院10个),基层人民法院3005个(其中军事法院45个);到了2008年,人民法院的机构数量已经增加到3556个,其中高级人民法院数量增加了2个,中级人民法院的数量约增加了40个,而基层人民法院的数量则增加了超过100个。

其二,人民法院内设机构数量的增加。表3-5梳理了重庆市某区(县)人民法院内设机构的变迁情况,可以看到,1973年,某区(县)人民法院恢复重建时只有三个业务庭室:办公室、刑事审判庭、民事审判庭。在此之后,该院的内设机构数量不断增加,在1984年到2000年期间,该院几乎每年增加一个内设机构(1993—1996年期间除外)。截至2015年,该院的内设机构数量已经达到了17个。该法院内设机构数量变迁是法院系统内设机构改革的一个缩影。这种变迁背后,反

---

① 〔美〕安东尼·唐斯:《官僚制内幕》,郭小聪等译,中国人民大学出版社2017年版,第14页。

映出人民法院的审判任务、审判态势日趋多样化、专业化、复杂化，为此，人民法院必须调整其内设组织以更好地适应日益复杂的审判执行形势。

其三，人民法院人员规模的扩大。随着法院机构数量的增加、法院内设机构数量的增加，相应地，人民法院的人员规模亦随之扩大。① 最高人民法院的相关资料显示，自改革开放到 2008 年，三十年间，人民法院的队伍由"当初的 11 万人增加到现在的 30 万人，其中法官由 6 万人增加到 19 万人"②。员额制改革之前，全国法院的法官人数达到了 21 万之多。③

表 3-4　人民法院设置数量的历史变迁

年份	最高人民法院	高级人民法院	中级人民法院（军事法院）	基层人民法院（军事法院）	合计
1987 年④	1	30	362(10)	3005(45)	3398
1990 年⑤	1	31	376(10)	3013(45)	3421
1995 年⑥	1	31	390(10)	3083(66)	3505
2008 年⑦	1	32	406(12)	3117(53)	3556

---

① 在笔者看来，尽管近年来开展的员额制改革大大缩减了"法官"的数量，但是总体来看，这种变动只是法院组织的"自我调整"，并未改变法院人员的总体规模。

② 最高人民法院编：《人民法院改革开放三十年·文集》，人民法院出版社 2008 年版，第 1 页。

③ 参加《徐家新就司法责任制等综合改革试点工作答问》，载最高人民法院网（https://www.court.gov.cn/fabu-xiangqing-49802.html），访问日期：2023 年 4 月 5 日。

④ 参见最高人民法院司法行政厅编：《中华人民共和国各级人民（专门）法院设置简册》，人民法院出版社 1987 年版，第 1—2 页。

⑤ 参见最高人民法院司法行政厅编：《中华人民共和国人民法院设置简册》，人民法院出版社 1990 年版，第 1—2 页。

⑥ 参见最高人民法院政治部编：《中华人民共和国人民法院机构名录》，民族出版社 1995 年版，第 1—2 页。

⑦ 参见最高人民法院政治部编：《中华人民共和国人民法院机构名录（2009 年）》（内部资料），第 1—2 页。

表 3-5　重庆市某区(县)人民法院内设机构的变迁①

年份	内设机构设立、调整情况
1973 年	仅设有临时院务会,办公室、刑事审判庭、民事审判庭
1981 年	设立经济审判庭,配备干部 9 人
1984 年	刑事审判庭分为刑事审判第一庭(审理现行犯罪,配备干部 8 人)和刑事审判第二庭(审理刑事、民事、经济再审案件,配备干部 5 人)
1985 年	设立法医室,配备法医 1 人
1986 年	设一室(办公室)、五庭(刑一庭、刑二庭、民庭、经济庭、执行庭)
1987 年	增配干部 4 人,开展行政审判工作
1989 年	在原信访室的基础上成立告诉申诉审判庭(简称告申庭),刑事审判第二庭改为审判监督庭
1990 年	设立政工科
1991 年	设立监察室;设立少年刑事审判庭,配备干部 5 人;设立监督室,配备干部 2 人
1992 年	成立"法律咨询服务诉前调解中心"
1997 年	成立法警队(后更名为司法警察大队)
1998 年	设立纪律检查组
1999 年	撤销民事审判庭,成立民事审判一庭、民事审判二庭
2000 年	撤销告诉申诉庭,增设立案审判庭、审判监督庭及研究室
2001 年	设置内设机构 12 个(办公室、政工科、立案庭、执行庭、审判监督庭、法警大队、刑一庭、刑二庭、研究室、行政审判庭、民一庭、民二庭),另设纪检组、监察室(合署办公)
2002 年	内设机构 14 个;原"政工科"更名为"政治处",纪检组、监察室(合署办公)成为新的内设机构
2006 年	内设机构 13 个(纪检组撤销)
2007 年	设立执行局(与执行庭实行两块牌子、一套班子合署办公)
2009 年	增设民事审判第三庭;撤销执行庭,保留执行局牌子

---

① 参见长寿法院志编纂领导小组:《长寿法院志(1911—2015)》。

(续表)

年份	内设机构设立、调整情况
2010年	执行局下设执行管理科、执行实施科和执行裁决科,增设政委一名;区法院执行局升格为内设副处级机构
2012年	增设审判管理办公室
2013年	设立财务科(不增设机构)
2014年	设立诉讼服务中心(不增设机构,在立案庭挂诉讼服务中心牌子)
2015年	截至2015年12月,某区(县)法院机关共有内设机构17个

为了应对法院组织规模的扩张,法院系统内部不得不调整、变革法院传统的管理方式以更好地适应法院"治理规模"①扩张的现实。诚如何永军所言,"面对无法承受的工作重负,人民法院不得不进行改革以提高效率"②。在这样的背景下,人民法院开始有计划地引入现代信息技术,以提升法院管理的现代化水平。

(二)司法透明度不高

司法公开是一个老生常谈的问题。在建国初期,董必武同志就非常重视公开审判问题。1955年7月3日,董必武在第一届全国人民代表大会常务委员会作工作报告时就曾谈到:"我们初步总结了上述案件公开审理的经验,证明实行案件的公开审理,可以把我们人民法院审判活动置于群众监督之下,并便于向旁听群众进行生动具体的法制教育。"③1998年4月23日,罗干在政法队伍教育整顿工作电视电话会议上讲到,"严格执行公开审判等法律制度,公开所有能够公开的办

---

① 在周雪光看来,"国家的治理规模",是指"国家统领、管理、整合其管辖领土以及生活其上民众的空间规模和实际内容"。参见周雪光:《中国国家治理的制度逻辑:一个组织学研究》,生活·读书·新知三联书店2017年版,第40页。
② 何永军:《断裂与延续:人民法院建设(1978—2005)》,中国政法大学出版社2018年版,第195页。
③ 董必武:《董必武法学文集》,法律出版社2001年版,第258—259页。

事制度,把执法活动置于人民群众的监督之下"①。2005年4月27日,在全国政法系统"规范执法行为,促进执法公正"专项整改活动电视电话会议上,罗干再次强调"只有公开,才能防止徇私舞弊,抵制不正当干预,顶住关系人情干扰"②。然而,在较长一段时期内,受制于传统司法观念以及落后的物质装备条件,司法活动未能充分对外公开。

司法透明度不高,既与司法活动的相对封闭性有关,也与司法公开的物质基础和技术水平有关。时任杭州市中级人民法院院长杨刚认为:"现在我们法院从社会上看,还是有一种神秘感,这与我们的自我神秘化是有很大关系的。"③与此同时,落后的物质装备条件也制约了司法公开的深入开展。在这方面,蒋惠岭即曾谈到,"近十年来最高人民法院曾发布过三四个关于司法公开的文件,但终因条件所限而难有根本改观"④。这里的"条件所限",就包括司法公开技术水平的问题。

司法透明度不高给人民法院带来了一定的负面影响。诚如有论者谈到的,"我们大量的案件处理得很好,为什么还有那么多合理怀疑,这与公开程度、公开方式有很大关系"⑤。为了解决这一问题,借助信息化手段提升人民法院的司法公开水平逐渐成为法院系统开展信息化建设的一大驱动力。事实上,正如有论者指出的:"法院不仅仅以开庭审理的方式实现司法公开,而且更多地运用现代科学技术特别是网络技术做到司法公开。"⑥原最高人民法院院长周强也认为:"现

---

① 罗干:《罗干谈政法综治工作》,中国长安出版社2015年版,第51—52页。
② 罗干:《罗干谈政法综治工作》,中国长安出版社2015年版,第217页。
③ 《如何改革和改进法院工作》,载《人民司法》1988年第1期。
④ 《2009年度人民法院十大关键词》,载《人民法院报》2010年1月6日,第2版。
⑤ 李少平:《在全国法院司法公开工作推进会上的总结讲话》(2013年11月27日),载最高人民法院编:《中国法院司法改革年鉴》(2013年卷),人民法院出版社2018年版,第102页。
⑥ 《2009年度人民法院十大关键词》,载《人民法院报》2010年1月6日,第2版。

代信息技术是人民法院推进司法公开的重要保障和主要媒介。"[1]在这样的背景下,人民法院开始借助信息化手段丰富司法公开的内容、增加司法公开的广度和深度。例如,通过开通审判流程信息公开平台,就能够"有效避免案件当事人因无法及时获悉案件审理进度而对案件审判公正性提出质疑,增进当事人对法院的理解"[2]。

(三) 司法不够便民

所谓"司法便民",按照论者的观点,就是要"将工作重心放在为公民和当事人提供司法服务上"[3]。也有论者认为,"司法便民"就是要"让群众得实惠,就是要实实在在地为群众诉讼提供方便"[4]。"司法为民"之所以受到强调,在顾培东看来主要是源于"人民司法"的属性,基于这一属性,我国司法的政治和社会责任不断被突出强调。司法自身也反复强调其服务功能和"亲民近民"的形象或举措,向社会各方面作出各种高标准的责任承诺。[5] 董必武同志也强调司法为民的重要性,在他看来,"人民司法工作者必须站稳人民的立场,全心全意地运用人民司法这个武器;尽可能采取最便利于人民的方法解决人民所要求我们解决的问题"[6]。历任最高人民法院领导也高度重视司法为民问题。例如,2003 年 8 月,在全国高级法院院长座谈会上,肖扬即谈到,"司法为民"绝非一个口号,要求人民法院在 11 个方面下工夫、要建立和完善 10 项制度、制定 10 个司法解释、落实 23 项具体措施。在

---

① 最高人民法院编:《中国法院司法改革年鉴》(2013 年卷),人民法院出版社 2018 年版,第 91 页。
② 李林、田禾主编:《中国法院信息化发展报告 No.1》(2017),社会科学文献出版社 2017 年版,第 63 页。
③ 左卫民:《在权利话语与权力技术之间——中国司法的新思考》,法律出版社 2002 年版,第 74 页。
④ 陈志远:《司法为民工作要让群众得实惠》,载《人民司法(应用)》2010 年第 13 期。
⑤ 参见顾培东:《当代中国司法生态及其改善》,载《法学研究》2016 年第 2 期。
⑥ 董必武:《董必武法学文集》,法律出版社 2001 年版,第 154 页。

此之后,各地人民法院开展了轰轰烈烈的司法便民活动。① 按照周强的观点,司法为民是"根本宗旨","人民司法事业发展史,就是一部司法为民的历史;人民司法事业的优良传统,集中体现在司法为民上"②。

然而,在特定的历史时期,受多重因素的影响,司法并未充分地彰显"为民""便民"的宗旨。正如有论者所指出的,在我国长期缺乏市民社会观念,一方面对私权重视不够,另一方面又不断强化司法权威。③ 江苏省常州市两级法院的调研报告显示,前来诉讼的当事人存在见法官难、递交材料难、反映情况难等诉讼上的不便,受此影响,常州市两级法院在2008年的群众评议中,满意度受到了影响。调研报告认为,法院的自我评价与社会评价"存在不小的距离"④。

司法为民的实现要求司法一方面能够便利公民接近司法,另一方面又要便利公民参与司法,前者要求公民能够快速、有效地进入司法轨道,后者则要求公民在司法程序中能低投入、高效率地行使权利。⑤ 这一目标的实现,要求人民法院畅通诉讼渠道,完善便民机制,并尽可能地降低诉讼成本。有鉴于此,人民法院必须大力发展现代信息技术,以提升司法为民的水平和层次。事实上,正如有论者所指出的,"司法公开、司法信息共享、司法为民等外部性、群体性利用司法审判信息的需要的不断提出和加强,也对法院司法审判信息的多层级、全

---

① 参见何永军:《断裂与延续:人民法院建设(1978—2005)》,中国政法大学出版社2018年版,第274页。
② 最高人民法院编:《中国法院司法改革年鉴》(2013年卷),人民法院出版社2018年版,第56页。
③ 参见左卫民:《在权利话语与权力技术之间——中国司法的新思考》,法律出版社2002年版,第27页。
④ 江苏省常州市中级人民法院立案庭:《用心服务 赢得民心——常州两级法院全面推行诉讼服务中心的调研报告》,载《人民司法(应用)》2009年第15期。
⑤ 参见左卫民:《在权利话语与权力技术之间——中国司法的新思考》,法律出版社2002年版,第4—5页。

方位的应用提出了新的要求"①。各级人民法院利用现代信息技术开展司法为民活动②,也就在这样的背景下展开了。

事实上,笔者梳理1996年以来最高人民法院的工作报告即发现,"司法为民"一直都是人民法院工作的重要内容。例如,2005年的工作报告中,最高人民法院即提到一些基层法院"实行巡回审判、预约开庭",一些有条件的人民法院开始建立"直接受理案件、电子签章"系统;在2007年的工作报告中,最高人民法院也谈到"推行人民法庭直接立案制度,有6520个人民法庭具备直接立案条件",并"积极推进涉诉信访信息化建设,方便群众进行网上信访和查询";2016年前后,最高人民法院的工作报告中已经出现"视频接访""二维码'立案'"以及"电子诉讼"等形式多样的诉讼便民形式。由此可见,不断提升司法的便捷性,是人民法院一直追求的价值目标,也是人民法院开展信息化建设的内在动力之一。

表3-6 司法为民报告内容

工作报告年份	技术手段
1997年	没有这方面的内容
1998年	
1999年	
2000年	
2001年	
2002年	
2003年	

---

① 池强主编:《北京法院电子政务建设探索与实践》,人民法院出版社2010年版,第24页。
② 截至2009年11月,全国已有78%的基层人民法院和85%的中高级人民法院建立了方便群众诉讼的立案信访大厅。参见《2009年度人民法院十大关键词》,载《人民法院报》2010年1月6日,第3版。

(续表)

工作报告年份	技术手段
2004年	一些基层人民法院试行巡回审判、预约开庭,有条件的建立了人民法庭直接受理立案、电子签章系统,便利群众诉讼;继续在方便当事人诉讼、减轻当事人诉讼负担、方便群众旁听案件审判、方便查阅裁判文书等方面提供更加便利的条件
2005年	继续在方便当事人诉讼、减轻当事人诉讼负担等方面创造便利条件
2006年	没有这方面的内容
2007年	推行人民法庭直接立案制度,有6520个人民法庭具备直接立案条件;328个中级法院和2307个基层法院建立了"一站式"立案大厅,为当事人免费提供诉讼指南;积极推进涉诉信访信息化建设,方便群众进行网上信访和查询
2008年	实行网上立案,巡回审判,预约开庭;建立案件办理情况查询机制,方便当事人了解案件进展信息、查阅裁判文书
2009年	改进案件受理工作,建立诉讼服务中心,为群众提供导诉、答疑、调解等"一站式"服务;采取预约立案方式,设立案件查询系统
2010年	推广远程立案、预约立案等方式
2011年	积极探索网上预约立案、送达、庭审等方式,为群众诉讼提供便利
2013年	在立案、审判、执行各个环节进一步采取措施,为群众诉讼提供更大便利,最大限度减轻群众讼累;推行网上预约立案、送达、庭审等方式
2014年	因地制宜推进诉讼引导、预约立案、电子送达、巡回办案、远程视频开庭等工作
2015年	积极推广远程视频庭审,通过"车载法庭"等方式开展巡回审判;通过网站、短信、微信等多种渠道推送案件流程信息,变当事人千方百计打听案件进展为法院主动向当事人告知;推进诉讼服务大厅、网站、12368热线"三位一体"诉讼服务中心建设,为当事人提供"一站式"服务;开通远程视频接访系统,最高人民法院直接接谈4548人次,建立网上申诉信访平台
2016年	推进网上申诉和视频接访工作
2017年	上海浦东法院开发"二维码"自主立案系统,平均立案时间只有15分钟;419个法院开通在线调解平台

（续表）

工作报告年份	技术手段
2018年	通过电子诉讼、12368诉讼服务热线等信息化手段,减少群众出行,节约诉讼成本;构建当场立案、网上立案、自助立案、跨域立案相结合的立案新格局,让长期以来老百姓反映强烈的"告状难"问题真正成为历史
2019年	发挥司法大数据管理和服务平台作用,为群众诉讼提供服务……推进电子诉讼应用,逐步实现网上阅卷、证据交换、网上开庭和电子送达;浙江法院开展移动微法院试点,让当事人和法官充分感受"指尖诉讼、掌上办案"的便利……增设北京、广州互联网法院,杭州互联网法院依法审理涉"小猪佩奇"著作权跨国纠纷等案件,率先在国际上探索互联网司法新模式
2020年	探索互联网司法新模式,发挥北京、杭州、广州互联网法院"引领"作用,推广"网上案件网上审理",完善在线诉讼规则,让群众享受在线诉讼便利;全面推广"中国移动微法院",推动电子诉讼服务向移动端发展
2021年	基本建成一站式诉讼服务中心;坚持群众需求导向,让当事人到一个场所、在一个平台就能一站式办理全部诉讼事项;强化诉讼服务中心实质性解纷功能,使大量案件纠纷在诉讼服务大厅通过调解、仲裁、诉讼等方式一站式化解……化繁为简,以中国移动微法院为统一入口,实现立案、送达、保全、委托鉴定等诉讼事项一网通办;开通全国统一律师服务平台,提供全程线上阅卷、提醒案件排期避让等35项功能,为律师参与诉讼提供便利;推行视频网络申诉,及时解决群众合理合法诉求……实现跨域立案服务全覆盖
2022年	完善互联网司法模式……浙江法院推进"全域数字法院",福建法院融入"数字福建",重庆法院探索"全渝数智法院",司法紧跟数字时代步伐;为老年人、残疾人等积极提供辅助引导或线下服务,帮助其跨越"数字鸿沟";在全球率先出台法院在线诉讼、在线调解、在线运行三大规则,以人民为中心的互联网司法规则体系逐步建立

四、推进司法体制机制改革的内在需要

(一)司法改革在中国的兴起与发展

肖扬曾指出,1993年党的十四届三中全会提出改革、完善司法制

度,提高司法水平,由此"拉开了新时期司法改革的序幕"。① 1996 年 7 月 15 日至 18 日,最高人民法院在上海召开了"全国法院审判方式改革工作会议",与会人员聆听了王怀安所作的题为"审判方式改革是我国民主和法制建设在审判领域的重大发展"的重要报告。8 月 13 日最高人民法院向全国发出了《关于印发高昌礼、祝铭山副院长,王怀安主任在全国法院审判方式改革工作会议上的讲话的通知》。在此之后,审判方式改革从探索、试点到全国推行,正式成为法院的一项制度来试行。② 1999 年之后,"系统、全面、成规模的司法改革"也正式拉开序幕。③ 最高人民法院原院长肖扬曾经回顾了改革开放以来人民法院司法改革的三个阶段。从 20 世纪 70 年代末 80 年代初是人民法院司法改革的第一阶段,这一时期的改革奠定了中国现行法院制度的基础。从 20 世纪 80 年代末至 90 年代中期则是人民法院司法改革的第二阶段,这一阶段改革的核心是庭审改革(属于审判方式改革④的范畴),改革"实现了立审、审执、审监分立","实现了纠问式审判方式向抗辩式审判方式的转变",法庭由此成为审判的中心。从 20 世纪 90 年代末开始直到 21 世纪初是人民法院司法改革的第三阶段,这一阶段的改革已经开始涉及司法体制机制等深层次的内容。⑤

司法改革之所以展开,是因为传统的诉讼体制机制已经不适应新时期的审判需求,迫切需要进行改革。1998 年肖扬同志刚上任时,听到对法院工作的批评较多,意见集中在审判不公、效率不高、队伍不

---

① 参见最高人民法院编:《人民法院改革开放三十年·文集》,人民法院出版社 2008 年版,第 16 页。

② 参见李国光:《我的大法官之路》,人民法院出版社 2015 年版,第 215 页。

③ 参见蒋惠岭:《1999 年至 2013 年人民法院改革情况》,载最高人民法院编:《中国法院司法改革年鉴》(2013 年卷),人民法院出版社 2018 年版,第 101 页。

④ 审判方式的变革是人民法院的一场革命。按照论者的观点,"审判方式改革的成功是 20 世纪 70 年代末改革开放以来人民法院建设的重大事件,它拉开了司法改革的序幕"。参见李国光:《我的大法官之路》,人民法院出版社 2015 年版,第 215—216 页。

⑤ 参见田雨:《最高法 06 年力促八项司法改革措施取得实质进展》,载中央政府门户网站(http://www.gov.cn/jrzg/2006-02/22/content_207880.htm),访问日期:2023 年 3 月 25 日。

廉、执行不力等方面。在调研中,肖扬同志还发现,群众对办案效率低、案件积压多、案件判了以后又不能及时执行等问题意见很大。对此,肖扬同志的思路是,第一抓公正,第二抓效率,第三抓队伍,这三个方面都要用改革来统领,靠改革去推进。① 张卫平等也指出,法院系统的改革是以审判方式改革为"导火索"的,而引发审判方式改革的主要原因,则"是为了消解社会整体层次上纠纷规模的增大与法院现有的处理纠纷的能力不相适应的矛盾"②。

(二)司法改革对信息技术的内在需求

上文分析了司法改革在中国的产生与发展,随着司法改革的逐渐展开,人民法院必须改变传统的手工办案方式,以提升司法效率、促进司法公正。最高人民法院1996年发布的《全国法院计算机信息网络建设规划》就指出,"从案件的立案登记到审判过程中的各种笔录、法律文书制作采用手工抄写方式,标准化程度低且效率不高,无法适应现代办案中大量文字处理的需求,也无法适应审判方式改革",为此,必须"运用现代化手段,建设计算机网络,加强科学管理,向现代化要效益,向自动化要人力,向网络化要信息,提高办案、办公效率和质量"。事实上,正如有论者所指出的,"司法改革既是司法组织的优化、诉讼程序的完善,也可以是科学技术的应用",在该论者看来,"在所有的改革方案中,将信息通信技术引入民事诉讼肯定是成本最小的改革方案,也是消化冗余人员、消解案件激增状态的有效对策"③,"现代民事司法的改革也是现代技术融入司法的过程"④。也有论者指出,中国法院改革期待多媒体和数码信息技术主要发挥以下三种功能,即作

---

① 参见肖扬:《肖扬法治文集》,法律出版社2012年版,出版前言,第6页。
② 张卫平等:《司法改革:分析与展开》,法律出版社2003年版,第9—10页。
③ 王福华:《电子诉讼制度构建的法律基础》,载《法学研究》2016年第6期。
④ 王福华:《电子法院:由内部到外部的构建》,载《当代法学》2016年第5期。

为"审理活动的工具",作为"法院管理的装置"以及作为"实况观测的窗口"。①

以立审分离改革为例,"过去,我国各级法院一直实行立审合一,谁立案谁审理的做法"。在这种立案机制下,"办案人员随意性大,该立不立,不该立而立的现象时有发生。此外,还存在立案标准和收费标准不一,自定立案条条框框的现象"②。而在审理分工越来越精细、案件类型越来越复杂的情况下,传统的自立自审机制"已无法适应人民法院完成日益繁重的审判任务和严肃执法的需要"③。1998 年,各级人民法院普遍设立了立案机构④,立案与审判开始分开(立审分离因此又被称为"大立案")。实行"大立案"后,一些法院开始利用电脑来进行立案管理。例如,2000 年,柳州市鱼峰区人民法院即开始将电脑应用于立案管理,如电脑排期、案件登记等。⑤ 南海市(现为南海区)人民法院立案庭原庭长也回忆,1999 年 10 月,市法院将原来分散在各镇区的立案权收回,由立案庭统一立案,一宗一般的案件,立案人员需填写 8 份以上的法律文书,所需时间长,加上立案量大增,故立案庭犹如集市。后来有了案件流程管理系统,90%以上的案件都是当天立案,复杂的案件通常也只需三四天时间就可以立案,这就从根本上解决了立案难的问题。⑥

由此可见,以审判方式改革为代表的司法改革的推进,迫切需要人民法院加强对现代信息技术的应用,司法改革由此成为人民法院开

---

① 季卫东:《人工智能时代的司法权之变》,载《东方法学》2018 年第 1 期。
② 王靖红:《推行立审分离势在必行》,载《人民司法》1994 年第 9 期。
③ 王少玲:《推行立、审分离改革是强化审判监督的有效措施》,载《山东审判》1995 年第 1 期。
④ 参见最高人民法院 1998 年工作报告。
⑤ 参见柳州市鱼峰区人民法院:《关于人民法院信息化建设与应用的调研报告》,载广西壮族自治区高级人民法院编:《广西法院优秀调研成果》(2009 年卷),第 511 页。
⑥ 参见《广东南海法院启用案件管理流程系统纪事》,载新浪新闻(http://news.sina.com.cn/c/2002-01-17/447342.html),访问日期:2019 年 10 月 25 日。

展信息化建设的重要推动力量。

五、构建现代型法院的必由之路

有关"法院现代化"问题,在20世纪80年代初即已出现。1984年4月8日,在第一次全国经济审判工作会议上,郑天翔谈到了法院建设和管理的现代化问题,在其看来,"政法工作要更好地为社会主义的四个现代化服务,它的手段也要现代化"。郑天翔指出,"法院建设的现代化,法院管理的现代化,要提到议事日程上来"。① 1984年8月1日,郑天翔在给中央领导同志的信中也提出法院要进行四个方面的改革,其中重要的一点就是要"改革审判队伍的技术装备的严重落后状态,逐步装备一些现代化工具、设施,使工作方法和管理向科学化、现代化过渡"②。1985年,最高人民法院提出要实现"司法统计工作现代化",要求"各级人民法院应抓紧配备微型计算机和传真机,逐步在全国法院系统建立现代化的统计信息计算体系"。③ 1988年4月1日,在七届全国人大一次会议上,郑天翔在最高人民法院工作报告中提到"法院管理的现代化开始起步"④。1990年6月8日至10日,最高人民法院在长沙召开的第一次全国法院系统信息工作会议上,时任最高人民法院副院长林准提出,"加强信息手段的现代化建设","下力气搞好信息传递手段的现代化建设"。⑤ 1995年,在"司法文件数据库"研讨会上,时任最高人民法院副院长谢安山要求各级法院"紧密结合人民

---

① 郑天翔:《行程纪略》,北京出版社1994年版,第394页。
② 郑天翔:《行程纪略》,北京出版社1994年版,第415页。
③ 王立文:《法院司法统计手段现代化取得进展》,载《人民法院报》1995年5月28日,第1版。
④ 郑天翔:《行程纪略》,北京出版社1994年版,第573页。
⑤ 赵沨:《全国法院信息工作会议在长沙召开——18个司法统计工作先进单位受到表彰》,载《人民司法》1990年第8期。

法院的实际情况,积极采用现代科学技术,大力加强法院现代化建设"①。

由上面的资料可以看出,法院工作的现代化是人民法院的一项长期目标,而作为法院现代化重要内容之一的物质装备现代化,自然成为人民法院现代化进程中必不可少、着重建设的内容。正如有论者指出的,法院现代化包含七个方面的特征,其中就包括管理机制的现代化和物质装备的现代化。在该论者看来,"现代化的法院管理机制"就是把先进科技和社会科研成果应用于法院管理,是建设现代化法院的重要条件。"现代化的物质装备",则是"法院现代化的重要保障和外在体现"②。而进入大数据时代,法院的现代化有了新的内涵。正如刘艳红所指出的,"大数据时代,法院现代化的核心范畴即审判体系和审判能力现代化"。在刘艳红看来,"审判体系和审判能力现代化"包含五个方面的内容,即司法公开体系与能力的现代化、诉讼服务体系与能力的现代化、案件审判体系与能力的现代化、判决执行体系与能力的现代化、司法管理体系与能力的现代化。③ 因此,持续推进法院信息化建设,是人民法院构建现代型法院的必由之路。实现人民法院审判体系和能力的现代化,必须不断地应用现代信息技术。

六、法院物质装备条件的极大改善

(一)经费保障条件的改善

经费保障条件是人民法院开展信息化建设的基本前提。正如前

---

① 郭春雨:《审判现代化需要办公自动化 计算机走进千家法院》,载《人民法院报》1995年8月4日,第1版。
② 《建设现代化法院的理解与设想》,载《山东审判》2003年第1期。
③ 参见刘艳红:《大数据时代审判体系和审判能力现代化的理论基础与实践展开》,载《安徽大学学报(哲学社会科学版)》2019年第3期。

文所述,在较长一段历史时期,人民法院物质装备水平极端落后,这与当时的经费保障条件有很大的关系。1962年,在全国政法工作会议上,彭真同志谈到了政法干部队伍面临的问题,"据说,一个县的法院一个月的办公费只有很少的钱,连写判决书用的纸都没有,这不行。公、检、法当然都要注意保持勤俭作风,但要有必要的经费"①。改革开放后较长一段时期,人民法院的经费保障条件较差,1987年,最高人民法院和财政部组成联合调查组,对江西省法院的经费情况进行了调研,调查组确认财政拨款远不能满足审判工作之需,院长有一半以上的精力用在筹措经费上。②

为了改善经费保障条件,最高人民法院为此做了大量工作。例如,最高人民法院在下发的司法文件以及向全国人大所作的工作报告中,多次呼吁改善人民法院的经费条件。1999年10月,最高人民法院《关于印发〈人民法院五年改革纲要〉的通知》中提出,"人民法院特别是基层人民法院经费困难,装备落后,物质保障不力,严重制约审判工作的发展"。2001年8月,《国家"十五"计划期间人民法院物质建设计划》再次提出"人民法院特别是基层人民法院普遍存在的基础设施简陋、技术装备缺乏、经费保障不足和管理手段落后等状况尚未得到根本解决,严重制约和影响审判工作的发展"。在最高人民法院的工作报告方面,由表3-7可以看到,2010年以前,经费保障问题几乎是每一年全国人大会议上最高人民法院都要重点汇报的内容。当然,在不同的历史时期,最高人民法院的表述重点有所不同:在2002年以前,最高人民法院的工作报告主要强调部分法院的物质装备及经费保障水平落后,在2002年之后,最高人民法院的工作报告则侧重于强调部分中西部法院以及基层法院的物质装备及经费保障水平落后。到

---

① 彭真:《论新中国的政法工作》,中央文献出版社1992年版,第137页。
② 参见蒋福康:《为改善法院基本执法条件而努力》,载最高人民法院编:《人民法院改革开放三十年·文集》,人民法院出版社2008年版,第112页。

了 2010 年,受法院经费保障体制改革的影响,最高人民法院首次在工作报告中提到"人民法院经费保障水平得到较大改善",2012 年则进一步提出"基层办案经费基本解决",到了 2015 年,物质装备发展以及经费保障问题开始逐渐淡出最高人民法院工作报告中。

相关资料也记录了人民法院物质条件改善的情况。自 2000 年以来,全国法院的经费保障水平不断提高。2007 年,全国法院人均收入达到 8.82 万元,比 2000 年提升 98%。法院部门预算基本上能够满足人员和日常公用经费支出。2007 年,全国法院固定资产总值比 2000 年增长 144%,全国法院年经费收入在 2000 年 138.5 亿元的基础上上升 97.8%,达到 305 亿元,七年间年平均增长 27.7 亿元。原最高人民法院副院长姜兴长认为,"进入新世纪以来,是人民法院历史上物质装备建设发展最好最快的时期"①。2013 年,最高人民法院在对 10 个省、直辖市、计划单列市人民法院的经费保障情况调研后发现,人民法院的经费支出在总额和人均方面均有较大增长。根据调研报告,在经费支出总额方面,2012 年与 2007 年相比,所调研 10 省、市法院经费增长了 71.47%。其中人员经费支出、日常运行公用经费支出、办案业务经费支出以及业务装备经费支出分别增长了 78.24%、43.36%、50.86%、250.97%。而在人均支出方面,人均支出总额增长了 51.67%,人均办案业务经费和业务装备经费增长了 60.15%,报告认为,"人民法院经费保障水平得到了前所未有的提高,尤其是法院的办案经费和装备经费水平明显增强提高","经费保障体制改革取得了突出的成果"。②

经费保障体制的完善,为人民法院开展信息化建设提供了物质前

---

① 姜兴长:《人民法院司法行政工作回顾》,载最高人民法院编:《人民法院改革开放三十年·文集》,人民法院出版社 2008 年版,第 76 页。
② 参见唐虎梅、李学升、杨阳等:《人民法院经费保障体制改革情况调研报告》,载《人民司法(应用)》2013 年第 21 期。

提和资源保障。进入 2000 年以来,全国法院信息化建设共投入资金 43 亿元。① 也正是在这样的背景下,人民法院的信息化水平才得以迅速提高,"人民法院办案装备和法庭装备面貌焕然一新,信息化建设实现跨越式发展,数字化法庭实现规范化、现代化建设,信息网络三级网建设全面推进,'科技强院'工作方针逐步实现"②。

表 3-7 物质装备和经费保障报告内容

工作报告年份	物质装备和经费保障方面的问题
1997 年	逐步解决人民法院办案经费不足、装备落后等困难,进一步改善执法条件
1998 年	法院的物质装备建设虽然有所改善,但仍有一些地方法院经费紧缺、审判法庭不足、物质装备落后,制约了审判工作的开展
1999 年	一些法院特别是贫困地区法院办案经费严重不足,工作条件差,装备落后,影响案件的及时审判和执行
2000 年	着力解决审判法庭不足、设备不配套等问题,努力加强县级人民法院和人民法庭的物质装备建设
2001 年	一些法院特别是经济欠发达地区法院经费不足问题没有得到解决,物质装备十分落后,严重影响了审判工作的正常开展和法官队伍的稳定
2002 年	一些法院审判设施落后,交通通信设备短缺陈旧,业务经费严重不足,影响审判工作正常开展
2003 年	物质装备虽有所改善,但仍有一些法院尤其是西部地区法院经费不足,装备落后,制约了审判工作的正常开展
2004 年	对基层法院特别是中西部基层法院的基本建设和物质装备建设支持力度需要进一步加大

---

① 参见姜兴长:《人民法院司法行政工作回顾》,载最高人民法院编:《人民法院改革开放三十年·文集》,人民法院出版社 2008 年版,第 77 页。
② 唐虎梅、李学升、杨阳等:《人民法院经费保障体制改革情况调研报告》,载《人民司法(应用)》2013 年第 21 期。

(续表)

工作报告年份	物质装备和经费保障方面的问题
2005年	切实解决部分基层法院在办案质量、办案作风、物质保障等方面存在的问题
2006年	一些基层法院尤其是中西部基层法院办案条件落后,办案经费短缺
2007年	中西部基层法院办案经费短缺的问题依然较为严重
2008年	一些法院经费保障不足的困难依然存在
2009年	一些法院特别是中西部地区基层法院办案经费短缺
2010年	法院经费保障体制改革顺利推进,人民法院经费保障状况得到较大改善
2011年	一些法院仍然存在案多人少、法官断层、人才流失、经费不足等困难
2012年	基层法院办案经费问题基本得到解决
2013年	推动建立人民法院经费和基础设施保障机制,中级、基层法院办案经费有所增加
2014年	一些西部、边远、民族地区法院工作条件有待进一步改善

(二)信息技术的迭代更新

近年来,信息技术持续迭代更新。按照论者的观点,20世纪70年代和80年代,微处理器技术快速发展,微机的性能不断提高,价格却不断下降。局域网的发展使"微机+局域网"的计算机格局开始形成,在80年代中后期加速了计算机向小型化发展的趋势,标志着"主机时代"的结束和第二代"微机加局域网时代"的开始。① 《国家电子政务"十二五"规划》指出,"电子政务依托的信息技术手段发生重大变革,超高速宽带网络、新一代移动通信技术、云计算、物联网等新技术、新产业、新应用不断涌现,深刻改变了电子政务发展技术环境及条件"。

---

① 参见周宏仁主编:《中国信息化进程》,人民出版社2009年版,第7—8页。

现代信息技术的发展,尤其是现代信息技术所特有的功能,契合了法院工作的程序规范性,信息技术因而有了"用武之地"。

人民法院的组织特性使"司法—技术"能够较好地实现"融合"。法院系统内部的行政管理、审判执行等都具有严格的标准化、流程化、要式化特征,而信息技术在标准化、流程化方面具备先天优势,这种契合使得信息技术在法院的行政管理、审判执行活动中能够发挥积极作用。与此同时,法院系统内部存在大量的管理职能和审判职能,"人案矛盾"突出,加之人民法院又面临编制等问题的约束,在任务增多、人手有限还必须追求办案效率的背景下,人民法院不得不强化信息化技术改革,向"信息化要人力",这就意味着司法系统相比一般行政机构更依赖于信息技术的利用。事实上,有论者即指出,互联网技术之所以能够被司法领域所接受,在于其自身的有用性与实效性契合了当代稀缺司法资源与社会对司法服务欲望膨胀之间的矛盾。①

七、小结

本章分析了人民法院开展信息化建设的内在动因,在笔者看来,信息化的开展与人民法院所处的外部环境有关,亦与不同时期人民法院面临的阶段性矛盾直接相关。就宏观环境来看,随着信息化逐渐成为国家发展战略,信息化在国民经济和社会发展中的重要性与日俱增。作为国家机构重要组成部分的人民法院,也必须主动依循、适应国家的信息化发展战略。与此同时,随着国家"电子政务"发展目标的日益明晰,人民法院开始逐渐融入国家"电子政务"发展体系。特别是"天平工程"的批复立项,人民法院在国家"电子政务"规划中的地位

---

① 参见杨秀清:《互联网法院定位之回归》,载《政法论丛》2019年第5期。

日益明确,这都为人民法院的信息化开展提供了良好的契机与强大的动力。某种意义上可以说,人民法院的信息化发展历史,就是人民法院自发、主动地融入国家信息化发展战略的历史,也是与国家信息化"同频共振"的历史。在微观层面,人民法院信息化的开展又深受人民法院不同历史时期阶段性矛盾的影响。事实上,一直以来,中国的司法机关都面临诸多司法"顽疾",这些问题一直困扰着人民法院。尽管在不同的历史时期,人民法院面临的基本矛盾存在差别,但总体上具有某种连贯性、一致性,这些共通性的矛盾主要集中在两个方面,即审判执行与司法管理。审判执行方面的矛盾主要包括"人案矛盾"问题、审判效率低下问题以及执行难问题;司法管理方面的矛盾则主要包括法院组织规模持续扩大、司法不透明以及司法未能有效便民等问题。为了应对前述问题,人民法院必须加大技术应用力度,大力发展信息化。

与此同时,司法改革的兴起以及构建现代型法院的内在要求,客观上也要求人民法院必须加强信息化建设,以革新传统的办公办案方式,助益法院审判体系和审判能力的现代化。总之,人民法院信息化建设的开展并非受单一因素的影响,而是追求多维价值目标的结果,这是人民法院信息化发展变迁的基本逻辑。

第四章　司法信息化推进中的实践问题

——以智慧法院建设为例

前述分析了人民法院信息化建设展开的内在动力,接下来,本章将进一步分析法院信息化在实践中的运作情况,以期形成关于法院信息化发展更全面的认知。本章将以 B 市两级法院的智慧法院建设为例,通过考察 B 市两级法院的信息化建设实践,揭示当前法院信息化实践所面临的问题,并对这些问题的成因进行阐释。

如前所述,司法信息化是国家信息化发展总体战略的重要组成部分,在国家的大力支持下,最高人民法院全面推进大数据、人工智能等现代智能技术在司法领域的应用,法院系统内部由此出现了一股智慧法院建设的热潮,这一热潮也引起了学界的关注与反思。例如,有学者批判了人工智能法学研究中的"反智化"倾向[1],有学者分析了中国法律人工智能话语实践层面"冷热差异"问题[2],有学者研究了智慧法院建设过程中的伦理风险[3],等等。可以发现,现有研究或多或少存在一些问题:一是过度关注智慧法院建设理论层面的问题,忽视智慧法

---

[1] 参见刘艳红:《人工智能法学研究的反智化批判》,载《东方法学》2019 年第 5 期。
[2] 参见左卫民:《热与冷:中国法律人工智能的再思考》,载《环球法律评论》2019 年第 2 期。
[3] 参见王禄生:《司法大数据与人工智能技术应用的风险及伦理规制》,载《法商研究》2019 年第 2 期。

院建设同样也是一个实践问题。反映在研究方法上,较多进行理论推演而较少运用实证素材,对"司法人工智能具体运用"问题提之甚少①,特别是较少进行个案式深入挖掘,在一定程度上导致当前研究的实证性不足。② 二是偏重抽象层面司法科技伦理问题的探讨,缺乏对智慧法院建设现实困境与基本矛盾的系统研究③,对抽象问题分析过多而实践问题探讨不足④。除此之外,当前有关智慧法院建设的反思性研究,也较少从政策执行层面加以考察,忽视了智慧法院建设实际上也是一个司法政策的执行问题,因此,有必要从政策执行的角度进行研究,而这都是之前的研究所欠缺的。本章以 B 市为例对智慧法院的建设实践进行了考察。近年来,为了执行最高人民法院有关智慧法院建设的司法政策,B 市中级人民法院(以下简称"B 市中院")开展了大量的动员工作⑤,取得了一定成效。但与此同时,B 市智慧法院建设过程中也暴露出一些矛盾,已经成为制约智慧法院进一步发展的障碍,亟须引起关注。有鉴于此,本章将以 B 市智慧法院建设为分析样本,通过个案研究,深入分析和阐释一个中级人民法院在智慧法院建设过程中所面临的实践难题。在此基础上,提出智慧法院建设进一步发展的若干建议。

B 市法院的信息化建设起步较早。1995 年,"全国部分法院计算机软件研讨班"在 B 市中院举行。2000 年,B 市中院 2000 年第一号执行公告在 A 省门户网站"××热线"正式发布,网上发布执行公告在全

---

① 左卫民:《从通用化走向专门化:反思中国司法人工智能的运用》,载《法学论坛》2020 年第 2 期。
② 刘艳红:《大数据时代审判体系和审判能力现代化的理论基础与实践展开》,载《安徽大学学报(哲学社会科学版)》2019 年第 3 期。
③ 参见王禄生:《智慧法院建设的中国经验及其路径优化——基于大数据与人工智能的应用展开》,载《内蒙古社会科学》2021 年第 1 期。
④ 刘艳红:《人工智能法学研究的反智化批判》,载《东方法学》2019 年第 5 期。
⑤ 先后印发《关于加快 B 市法院智慧法院建设的实施意见》《B 市"智慧法院"五年发展规划(2019—2023)》(征求意见稿)等。

国法院系统尚属首次。2000年8月1日,B市中院正式实行无纸化办公。2004年7月1日,B市法院网、B市中院局域网和B市中院自动语音服务系统正式开通。2006年,B市审判质量与效率综合评估体系完成软件开发并正式投入试运行,整体水平在全国法院处于领先水平。2010年3月23日,B市中院应邀到最高人民法院介绍其审判管理的做法和经验。近年来,在最高人民法院的推动下,B市中院大力推进智慧法院建设,在取得一定成效的同时,也产生了诸多实践问题,是观察当前中国司法信息化的一个窗口。

一、智慧法院建设的实践展开

据相关人员透露,从1994年开展信息化建设以来,B市法院信息化工作总体经历了无纸化、网络化、信息化三个阶段。其中,第一阶段是无纸化(1994年至1999年),主要以推广电脑使用为特征,通过电脑代替手工撰写文书、手工统计数据等工作。第二阶段是网络化(1999年至2004年),主要以内部局域网建设为特征,实现内部电脑的互联互通和文件的网上交换。第三阶段是信息化(2004年至2017年),主要以统一推广办公办案软件系统为特征,实行网上办公办案和信息化管理。[①] 本章分析的内容属于第三阶段。

(一)信息化发展规划的制定

近年来,为推进法院信息化建设,B市中院相继发布了三个比较重要的信息化规划文件,分别是《B市法院信息化发展规划纲要(2015—2018)》《关于加快B市智慧法院建设的实施意见》以及《B市

---

① 参见B市中院分管信息化建设的副院长在全市智慧法院建设推进会上的讲话。

"智慧法院"五年发展规划(2019—2023)》(征求意见稿),下文笔者将就其主要内容进行简要介绍。

2015年,B市中院印发了《B市法院信息化发展规划纲要(2015—2018)》,明确B市法院2015—2018年期间的信息化发展目标和工作任务。根据这一规划,未来B市法院要打造"三个法院"——智能法院、网络法院以及融合法院。其中,"智能法院"的重点建设项目包括应用系统升级改造及特色软件升级平移,全省统一司法公开集群软件开发,视频云计算中心、司法资源信息中心升级改造等;"网络法院"的重点建设项目包括网络法院平台建设,微博、微信、移动APP软件平台建设,网上网络调解平台建设等;"融合法院"的重点建设项目包括司法智库数据中心建设、B市政法协同办案平台等。

2017年12月5日,B市中院印发了《关于加快B市智慧法院建设的实施意见》(以下简称《B市智慧法院建设意见》),提出"确保实现B市法院2017年基本建成、2018年优化完善、2019年全面建成工作目标"。实施意见提出,"狠抓'1563'工程的实施",即"一个智库中心、五项智能支持、六大智慧平台、三项机制保障",全力构建网络化、阳光化、智能化的B市法院智慧体系,全面实现全业务网上办理、全流程依法公开、全方位智能服务,进一步提升服务能力和服务水平。

在司法智库大数据建设方面,《B市智慧法院建设意见》指出,"在海量收集原M审判系统、T审判系统案件数据的基础上,利用自然语音识别技术,对全市法院历史档案扫描材料进行自动提取,完善司法智库大数据中心数据模块";"制定和规范全市法院数据统一共享交换标准,建立全市法院数据共享交换平台,通过大数据中心的数据交换,实现系统之间底层数据的共享,打破系统之间的数据壁垒"。根据该意见,数据来源包括"全市法院门禁、科技法庭、安防监控和与案件相关的公安、检察、工商企业登记、房管、银行等各类数据","全面提升大数据分析和挖掘能力,通过各项数据关联分析,提高深度学习能力,实现基于案件事实、争议焦点、法律适用的智能推理"。①

在五项基础支撑方面,《B市智慧法院建设意见》提出强化基础网络支撑(保证基层人民法庭百兆和中院专网满足千兆接入、万兆核心的要求;按照科技法庭全覆盖的要求,做好高清科技法庭的建设和升级改造;全面推动老旧信息化终端等基础支撑的信息升级改造)、强化系统应用支撑(全面推广应用B市中院或基层法院试点开发的各项软件系统,法院各项工作全面实现信息化管理)、强化网络安全支撑(保证网络信息安全)、强化质效运维支撑、强化前沿技术支撑(积极将物联网、虚拟化、云计算、3D全息投影、VR技术、人工智能等前沿技术引入法院工作)。

在打造六大平台建设方面,《B市智慧法院建设意见》提出建设智慧审判平台、建设智慧执行平台、建设智慧政务平台、建设智慧审管平台、建设智慧诉服平台、建设智慧决策平台。为了保障B市智慧法院建设的顺利开展,《B市智慧法院建设意见》提出健全组织保障机制、健全经费保障机制②以及健全协作保障机制等。

值得一提的是,在组织保障机制方面,《B市智慧法院建设意见》指出,智慧法院建设是B市法院工作能够应时代要求、彰显司改成效的重点工作,"需要纳入全局性工作和'一把手工程'强力推进、充分保障";在健全协作保障机制方面,《B市智慧法院建设意见》指出,"智慧法院建设离不开法院内部各业务部门的通力协作、集思广

---

① 《A省B市中级人民法院制度汇编(诉讼保障庭)》,第257页。
② 《B市智慧法院建设意见》指出:"智慧法院的落地,离不开充分的经费保障。一方面,各区(市)县法院要根据上级法院关于智慧法院实施意见要求和本院实际需求,将本院智慧法院建设方案提前申报审核,确保智慧法院建设经费落实到位并用足、用好。另一方面,要将每年规定支出的信息化保障和软件年度使用等费用,积极向财政部门申请纳入部门预算内支出"。

益和全员动员,只有各业务部门提出明确的需求和加强深入的应用,技术部门全力提供技术支持,智慧法院建设才能取得'适销对路'的效果"。①《B市智慧法院建设意见》是B市法院开展信息化建设的纲领性文件。

2019年4月2日,B市中院发布了《B市"智慧法院"五年发展规划(2019—2023)》(征求意见稿)。这一智慧法院五年规划确立了新时期B市法院"智慧法院"的建设目标。根据规划,到2019年年底,全市要完成以司法智库大数据中心为基础,以深化应用技术为重点,夯实五项基础支撑,构建六大智慧平台建设(与《B市智慧法院建设意见》内容一致)。实现全市法院办公、办案、办会、人事管理信息、财务管理信息、资产管理信息、档案管理信息等覆盖率100%,信息技术服务管理信息覆盖率100%,对诉讼当事人、人民群众、各行业、相关行政部门多元化司法需求100%覆盖。全面实现法院专网与派出人民法庭、辖区监狱连通,并以移动专网支撑远程开庭、减刑假释、网上诉讼全覆盖。全面实现法院专网与互联网、党政专网连通,并以司法智库大数据中心支撑区域经济分析、单一案件犯罪变化、法官画像、企业诚信、被执行"人、财、物"查找全覆盖。与此同时,规划指出,全面实现立案、庭审、执行、听证、文书、审务等过程司法公开。到2022年,全市法院要在最高人民法院统一部署、省高级人民法院统筹下,全面实现审判体系和审判能力现代化。考虑到其具体内容与《B市智慧法院建设意见》多有重叠之处,在此笔者就不一一列举。

(二)智慧法院建设的推进机制

为了推进智慧法院建设,B市中院加大了相关工作的推进力度。2017年2月,在全省法院信息化工作会议上,B市中院副院长提出,

---

① 《A省B市中级人民法院制度汇编(诉讼保障庭)》,第257—263页。

"健全周例会制,采取军事化管理推进常规工作,确定 2017 年为系统优化年,将系统优化作为重点工作,确保上半年完成优化工作"。2018年 5 月 2 日,B 市中院院长在智慧法院考察学习报告中作出批示:"全市法院要形成合力,加强办案办公软件的系统使用,在使用过程中不断发现问题、明确需求、修改完善,一定要边使用边完善,不能等到软件完善了好用了再来推,这也不符合信息化建设以需求为中心的工作导向。为此,要正确认识智慧法院建设是事关全局的一项重要工作,不仅仅是信息技术部门的工作任务,而应该是在全院参与、自下而上提出需求建议的基础上,齐抓共管、共同推进建设和应用。"①

1. 发布信息化建设/应用通报

在 2017 年前后,B 市中院信息技术室开始按月(2019 年 6 月后改为双月)发布《信息技术月报》,对 B 市两级法院的信息化建设推进情况进行专门通报。《信息技术月报》的内容主要包括业务系统维护情况、信息需求反馈情况以及其他与本市信息化建设相关的重要信息。在 B 市中院的推动下,C 区人民法院(以下简称"C 区法院")也加强了对业务系统应用情况的推进力度。例如,2018 年 5 月 11 日,C 区法院审管办发布了《关于规范使用科技法庭的通知》,该通知对科技法庭的规范使用提出了以下要求:第一,优先使用科技法庭开庭,后期将对各部门、各法官的科技法庭与非科技法庭使用比例进行统计;第二,使用录音笔开庭的案件,中院考核"每庭必录"时不予以采纳,员额法官不得以录音笔开庭方式代替科技法庭开庭;第三,若科技法庭使用过程中存在问题,请联系办公室,由办公室出具硬件故障说明,若无故障说明则视为承办人无故不使用科技法庭录音录像功能;第四,按照《B 市 C 区人民法院聘用合同制书记员管理办法》第 16 条,庭审过程中未按"每庭必录"的要求完成庭审录音录像或完成的录音录像不合格被通

---

① 参见 B 市中院信息技术室《信息技术月报》2018 年第 5 期。

报的,每件案件扣 10 元。2019 年 12 月 5 日,C 区法院审管办发布《2019 年 1—11 月"每庭必录"情况通报》,对该院 2019 年 1—11 月全院"每庭必录"情况进行了通报。

2. 信息需求提出与反馈

为了收集基层法院、本院业务部门的信息需求,B 市中院建立了常态化的信息收集及反馈机制。B 市中院《关于集中报送信息化需求的通知》指出:"本院各部门对党务系统、政务系统、业务系统的各类需求,经分管(主管)院长审核后,以部门名义分别向司法政治部(政治部)、司法政务部(办公室)、诉讼监督庭(审管办)报送。各区(市)县法院对党务系统的各类需求,经院领导审核后,根据系统所属部门分别向市中院司法政治部(政治部)、监察室、司法政务部(机关党办)报送,经各部门把关后,再汇总至司法政治部(政治部)。各区(市)县法院对政务系统、业务系统的各类需求,经院领导审核后,以院名义分别向市中院司法政务部(办公室)、诉讼监督庭(审管办)报送。"

《信息技术月报》发挥了有效的交流沟通功能。例如,《信息技术月报》2019 年第 2 期的通报即指出,截至 2019 年 2 月底,信息技术室共走访了 20 个部门(本院),诉服办、机关党办、离退处因故推迟到 3 月进行,20 个部门共提出需求 215 条,制定拟办意见的 178 条;共收集 6 个基层法院智慧法院建设合理化意见、建议 21 条。① 2019 年 4 月,信息技术室共收集 11 个基层法院提出的智慧法院建设合理化意见 63 条。② 2019 年 5 月,信息技术室共收集 9 个基层法院针对相关办案系统提出的意见 44 条。通报指出:"下一步,信息技术室已对意见、建议逐一梳理并分类,及时采纳和吸收合理意见,并要求 T 公司尽快完成

---

① B 市中院信息技术室《信息技术月报》2019 年第 2 期。
② B 市中院信息技术室《信息技术月报》2019 年第 4 期。

相关修改,同时对不予采纳的意见及其理由进行了回复。"[1]在具体的需求及反馈内容方面,例如某法院提出,"无法查询与来电人员之前的通话录音。增加一个可以统计与记录与来电人员之前通话录音的功能",对此需求,相关部门的处理结果是"已安排T公司增加该功能"(见表4-1);又比如,中院民六庭提出,"由于一审法官疲于审理工作,在对于系统更新的关注与新系统的使用方面,时间、精力都相对不够,希望从管理的角度来说,在新系统上线后要加强提示,并可以采取更加灵活的方式进行培训,如视频,让系统可以更好地发挥自己的功效。"对此,相关部门的反馈结果是"后期在新系统上线后会注意加强提示,并根据干警需求提供更灵活的新系统培训方案"(见表4-2)。这样的需求建议——反馈情形还有很多,在此不一一列举。

表4-1 全市法院需求建议——反馈统计表(基层法院)[2]

编号	法院名称	系统名称	用户意见、建议	处理结果
1	法院1	执行系统	审批退回后,显示办理中而无法再次提交。退回后,需要增加提交与编辑功能	暂不调整(中院执行系统可能进行更换)
2		12368公开平台	无法查询与来电人员之前的通话录音。增加一个可以统计与记录与来电人员之前通话录音的功能	已安排T公司增加该功能
3	法院2	案件系统	民特字案号,流程指引图中无"鉴定、评估、拍卖"选项。在民特字案号的流程指引图中添加"鉴定、评估、拍卖"选项	请在"菜单导航"——对外委托下进行操作
4		案件系统	案件走完"简转普"流程后,诉讼费未自动调整。建议在案件走完"简转普"流程后,系统自动将诉讼费调整翻倍	业务需求,请先提交审管办审核

---

[1] B市中院信息技术室《信息技术月报》2019年第5期。
[2] B市中院信息技术室《信息技术月报》2019年第5期。

(续表)

编号	法院名称	系统名称	用户意见、建议	处理结果
5	法院3	执行系统	文书审签:签发稿上面"校对"两个字需要改成"校对 质检员",建议修改	T公司已在修改中
6	法院3	执行系统	有外来人员(律师、陪审员等)需要进T公司系统调解,可在此案件中查到关联案子(包括全市),能否关闭一些T公司用户的关联案件查询	暂不调整("15法标"审判系统即将更换)
7	法院3	审判系统	系统文书模板用的还是09版之前的版本,需要更新最新版的系统自动生成的文书模板	请将最新文书模板发送T公司工作人员,配合模板配置
8	法院4	电子卷宗系统	电子卷宗转档案卷时,已选中转换区的材料,如果某份材料选错了就无法撤销,必须全部清空以后,重新选择,这样非常耗费时间。建议优化系统,支持对单个文档转档案卷的撤销	已安排T公司优化该功能
9	法院4	电子卷宗系统	电子卷宗转档案卷时,许多文档无法识别到具体的目录下,必须人工选择。建议优化系统,提高一键转档的识别的准确率	T公司正在优化
10	法院5	电子卷宗系统	立案回填:识别率不高	请提供相关材料,安排T公司处理

表4-2 全市法院需求建议——反馈统计表(中院业务部门)[①]

编号	部门名称	建设需求	审核结果
1	刑事审判部	讯飞系统开庭效果不理想(语音识别)	将该项目纳入智慧法院建设范围

---

① B市中院信息技术室《信息技术月报》2019年第5期。

（续表）

编号	部门名称	建设需求	审核结果
2	执行局	存储方面主要有两个问题：一是音视频资料无法导入过程卷。目前安装了录音电话，但录音电话的音频无法和纸质的卷宗相对应，且录音电话的音频资料也无法导入过程卷。二是内网邮件传输所能承载文件太小，建议把内网邮件传输大小增加	一是关于音频资料入卷的问题，今年准备解决多媒体入卷问题。现在存在的主要问题是存储装不下，硬件资源不够。今年我院在智慧法院准备建立统一的流媒体服务系统，在存储到位后，就能解决该问题。二是内网邮箱的文件承载，目前T公司系统的即时通讯功能能够完成所需的大文件传输，只是目前很多人没有使用，建议涉及传输较大文件时采用这一功能
3		实施繁简分流后，民一庭与民六庭案件进行了合并，现不能自动分案，分案只能采取人工手动进行，且要重复进行两次，浪费人力资源，建议采用自动分案	由于目前各个大部都有自己的繁简分流规则，系统目前架构无法根据不同需求各自开发一套繁简分流系统。要解决目前问题需建立一套单独的繁简分流系统，确定每类案件的分流规则，建议各庭、处将该需求报审管办统一解决
4	民六庭	由于管理权限的问题，本院同案同判案件查询不全，本院已生效裁判文书也无法在系统内进行查询	一方面会后将与审管办进行协商，对权限进行细化后，确定是否开放权限。另一方面生效裁判文书的查询问题用司法智库系统解决一部分，司法智库利用技术手段在裁判文书网中收集了全国法院发布的各类裁判文书，但由于是利用技术手段收集不能百分之百全部收集到，但可以解决大部分查询需求。该系统已在门户集成叫"大数据分析"，法官可登录该系统查询
5		建议在以后的信息化工作中，涉及审判工作的软件，需外出考察或有软件公司推荐系统时，可邀请审判部门同志一起参与，以便针对审判工作结合系统软件提出有针对性的建议	这是一种非常好的模式，非常欢迎审判业务庭同志一起参与软件的开发设计，在以后的软件考察调研时，信息技术室将更加注重审判业务部门的参与

（续表）

编号	部门名称	建设需求	审核结果
6	少家庭	审委会系统的文书与系统文书不能同步修改，需要修改后再重新导入，很容易会出现忘记导入的情况，能否将两系统同步，且目前审委会系统只有两个层级，能否在可送签层级上多加一些，如：增加专委、庭领导等	审委会系统与目前所用系统为两套系统，因系统架构原因，所以不能做到两个系统的完全同步，只能采用导出再导入的方式。在增加一些送签层级上，请将需增加的层级进行梳理后报相关人员，审管办审核同意后我们将安排T公司进行修改
7		裁判文书公开上网速度较慢	因裁判文书公开涉及省院与法意系统，我们将与审管办进行沟通协调，确认处理方式
8	少家庭	审判辅助方面：一是裁判文书自动生成有两个系统，我们应选择哪个系统；二是法意纠错系统内文书模板格式老，法条更新慢	智审是我们自建系统，法意系统部署在省院，所以建议使用智审系统，智审系统可以做到庭前文书信息的自动抓取，在生成裁判文书时可以相对减轻一定的工作量；文书纠错系统部署在省院，属全国统一版本，个性化修改和法条更新目前暂时无法解决。据了解法意公司今年文书纠错系统有新的版本，如后期采购此版本会解决反映的一些问题
9	民一庭	目前外包速录人员不能保证所有庭审都能配备，书记员的庭审笔录还存在一定的欠缺，能否通过技术手段，采用多模态的方式，如庭审记录与语音识别相结合，提升笔录完整度，提升审判质量	目前我院正在对科大讯飞语音识别系统进行测试，在保证音质的情况下，能达到非常高的准确率。对庭审笔录出现错漏的问题，语音识别可满足审判庭此方面的需求，会后信息技术室将需求汇总后与审管办进行对接，建议采购此套语音输入系统

(续表)

编号	部门名称	建设需求	审核结果
10	民一庭	由于一审法官疲于审理工作,在对于系统更新的关注与新系统的使用方面,时间、精力都相对不够,希望从管理的角度来说,在新系统上线后要加强提示,并可以采取更加灵活的方式进行培训,如视频,让系统可以更好地发挥自己的功效	后期在新系统上线后会注意加强提示,并根据干警需求提供更灵活的新系统培训方案

3. 加强绩效考核

例如,B市中院发布的《基层人民法院2019年度工作考评细则》,即将"智慧法院建设"作为基层法院重点工作,分值为6分,考核事项包括"1. 推进智慧法院建设,制定并报送年度信息化工作要点(含智慧法院建设内容);2. 完成市法院统一安排部署的智慧法院应用系统的深化应用;3. 完成市法院统筹的电子卷宗系统、15法标升级、软视频会议系统、微法院、综合送达等重点信息化建设项目;4. 加强网络安全和信息化安全等级保护;5. 加强智慧法院建设宣传,以及合理化意见、建议报送;6. 参与B市智慧法院建设统筹开发的软件系统试点工作,并在全市法院推广应用;7. 主动争取并配合高校开展国家重点课题研发试点工作,并按照高校要求完成试点工作任务";又比如,B市中级人民法院民事审判第六庭发布的《关于审判工作人员和审判辅助人员考核的实施细则》,在勤政建设考核方面,"规范办理12368、网络理事平台转办、交办事项",考核分值2分;在司法公开方面,其中裁判文书公开,全年公开裁判文书率达到100%,计2分,未达目标值,按每缺少1%扣0.2分计算;在庭审直播方面,全年庭审直播数量达到本院对法官直播数量要求的,计2分,未达到目标值,按每缺少1%扣0.2分计算;在庭审视频方面,庭审视频及时上传至办案系统或直播平台,全年上传率达到 90%,计 2 分,未达目标值不得分。

二、智慧法院的建设成效与实践难题

(一)建设成效

经过多年努力,B 市法院初步构建起"智慧法院"的雏形,初步实现了服务便捷化、审判智能化、执行高效化、公开常态化、管理科学化、决策精准化,下文笔者将予以简单归纳。

1. 在系统(平台)的开发方面

近年来,B 市法院进一步加强信息化基础承载能力方面的建设,基本解决了基础设施"先发劣势"的问题。全市法院新建了法院备用网络,全面实现了市中院、基层法院和人民法庭的互联互通;新建和更新了 322 套高清科技法庭,全面实现了案件庭审的每案必录;在构建智能法院方面,B 市法院加大应用系统的本地化修改和个性化软件开发,共完成了 96 个系统、423 项软件功能的开发和重构,2729 余项软件功能的本地化修改,实现了所有工作的信息化全覆盖。开发了智能电子卷宗、引进智审等智能化系统,实现了立案卡片的自动回填、证据材料的直接引用、简易文书的自动生成、法律法规和类案文书的智能推送。指导基层法院开发了要素式审判、法律智能机器人"××法官"等应用系统,实现了裁判文书的自动生成和诉讼风险的智能预测。与此同时,B 市法院还加大构建网络法院的力度,开发了全域线下诉讼服务系统、司法公开平台[①]、网上诉讼服务中心、阳光司法 APP 等软件系统,实现了当事人通过互联网和移动终端办理诉讼事务和司法公开。

---

① 截至 2017 年,B 市法院构建了司法公开"四大平台",实现审判流程、庭审直播、裁判文书、执行信息网上实时查阅,主动公开信息 1967751 条。相关内容可以参见《B 市中级人民法院工作报告》(2017 年度、五年工作报告)。

不仅如此,B 市法院还开发了法检数据共享交换平台,推广政法智能辅助办公系统,建立了减刑、假释案件办案平台和远程提讯、远程庭审系统,初步构建了司法智库大数据中心。

2. 在系统(平台)的应用方面

依托部署的大量业务系统,B 市法院积极推进信息化手段在司法管理、司法审判以及司法为民等方面的应用。在司法管理方面,B 市法院积极开展静默化监管,实现案件审理全过程可控制、节点可查询、进程可预期,全面实现审判权、执行权运行可预期、可信任。B 市法院开展的静默化监管不仅入选最高人民法院发布的司法改革典型案例(2017 年)①,中央政法委还在全国司法体制改革大会上进行了推广。②在司法为民方面,B 市法院搭建了"××e 调解平台"(该平台入选全国"砥砺奋进的五年"大型成果展),优化"网上信访"平台,开办移动APP 账号、小程序、12368 便民服务热线,等等。③

需要指出的是,尽管 B 市法院在智慧法院建设方面取得了一定成效,但与此同时,也存在诸多问题。事实上,笔者在调研过程中发现,一些问题还比较严重,亟需引起更多的重视。接下来,笔者将就此重点展开分析。

(二)实践难题

B 市中院积极开展动员工作,认真贯彻和落实最高人民法院的智慧法院建设规划,并取得一定成效。但与此同时,B 市法院系统的智慧法院建设也面临诸多实践困境,这些矛盾反映了法院推进司法信息化建设的特殊性、艰难性与复杂性。

---

① 参见《全力推进 B 市智慧法院建设取得实效——在全市法院院长座谈会暨智慧法院建设推进会上的讲话》(2017 年 8 月 9 日)。
② 相关内容可参见《B 市中级人民法院工作报告》(2017 年度,五年工作报告)。
③ 相关内容参见 B 市中院 2019 年 4 月印发的《B 市"智慧法院"五年发展规划(2019—2023)》(征求意见稿)。

1. 上级规划与下级创新之间的矛盾

一直以来,法院的信息化建设都采用自上而下的推进机制,表现在两个方面:一方面,信息化发展方案和规划的制定,都是在上级法院尤其是最高人民法院的主导下展开的,具有明显的上级主导特征。另一方面,在建设机制上,将信息化建设作为各级法院的"一把手工程",例如,《人民法院信息化建设五年发展规划(2013—2017)》即提出"加强顶层设计",强调"统一领导、统一规划、统一设计、统一标准、统一实施"。2017年出台的最高人民法院《关于加快建设智慧法院的意见》也强调,"坚持统一规划、积极推进,以最高人民法院和各高级人民法院信息化建设五年发展规划为指导……务实有序推进建设"。在这种建设机制下,上级法院(尤其是最高人民法院)能够在很大程度上影响下级法院的信息化建设进程。上级法院统筹的本意,是为了确保软硬件系统的统一性,进而达到消除数据壁垒的目的。但问题是,这种统筹有时难以兼顾各级法院的特殊职能,难以充分顾及各级法院的现实需求。就省级法院而言,其主要职能是发挥最高人民法院和中基层法院之间的桥梁纽带作用,在全省范围内开展宏观管理指导工作,审判职能只是其相对次要的职能。相比之下,中基层法院则是绝大多数案件的承担主体,负担了绝大多数的审判任务。不同层级法院的职能定位以及案件负担差异,造成了各级法院不同的信息化诉求。对于最高人民法院、省级法院而言,由于二者主要突出宏观管理指导职能,其应用系统自然需要确保数据收集的"全面性""及时性""准确性",因而其信息化建设重点是各类司法管理软件及数据库。但对中基层法院而言,由于其主要承担办案任务,在信息化建设方面则更加倾向审判辅助功能,更加追求实用性以及地方特色。以B市中院来说,截至2020年初,在B市中院部署的52个[①]应用系统中,由最高人民法院、A

---

① 包括办案系统27个、政务管理系统12个、审判管理系统7个、队伍管理系统4个以及后勤保障系统2个。

省高级人民法院统一部署的就占到了一半。然而,上级法院统一部署的应用系统有时并不完全贴合下级法院的现实需求,这在 B 市中院相关工作文件及领导讲话中均有体现。例如,B 市中院印发的《B 市"智慧法院"五年发展规划(2019—2023)》(征求意见稿)中指出:"随着全国法院对信息化工作的重视,上级法院统一推广的系统越来越多,而且随着智慧法院建设的深入开展,上级法院对软件系统统一的力度将会越来越大。而上级法院统一推广的系统无法解决个性化需求问题,不能适应 B 市作为国家西部城市面临的案件多样性、管理创新性要求。"①又如,在 A 省的全省法院信息化工作会议上,B 市中院某副院长也曾提到,希望"允许中基层法院进行本地化修改,统筹应不排斥本地化,在不改变主体框架、影响主要功能的前提下允许本地化"②。前述事实在一定程度上表明,在自上而下的智慧司法实践中,由于上下级法院职责功能的差异性,自上而下的应用推广难免会在上下级法院之间产生矛盾。这种矛盾并非个案式的,而是普遍存在于上下级法院之间,成为当前智慧法院建设不容忽视、亟须面对的一个问题。

2. 强力推广与有限应用之间的矛盾

有观点认为,中国司法人工智能的兴盛,很大程度上取决于上级的部署与地方的配合。③ 如前所述,为了执行最高人民法院有关智慧法院建设的司法政策,B 市中院积极开展动员工作,不断加大智慧法院的建设力度。2017 年 2 月,在 A 省全省法院信息化工作会议上,B 市中院提出:"健全周例会制,采取军事化管理推进常规工作,确定 2017 年为系统优化年,将系统优化作为重点工作。"2018 年 5 月,B 市中院进一步强调:"全市法院要形成合力,加强办案办公软件的系统使

---

① 发展规划正式公布后,删除了有关发展问题与困难的内容。因此,此处仍以"征求意见稿"为依据进行相关分析。
② 上述内容系 B 市中院某副院长在 2017 年 A 省全省法院信息化工作会议上的讲话。
③ 钱大军:《司法人工智能的中国进程:功能替代与结构强化》,载《法学评论》2018 年第 5 期。

用,在使用过程中不断发现问题、明确需求、修改完善。"①尽管 B 市中院开展了各种动员工作,但实际效果似乎并不理想,存在"强力推广"之下的"有限应用"问题。表 4-3、表 4-4②统计了 B 市法院系统 2018 年 3 月及 2019 年 2 月部分应用系统的推广使用情况,数据显示,虽经近一年的强力推广,但不少应用系统的使用频率并没有显著增加,部分法院的某些应用系统的使用频率甚至"不升反降"(例如电子签章系统)。需要指出的是,智能司法产品应用推广受阻并非 B 市中院的个例,而是一个全国性的问题。

事实上,最高人民法院的相关工作报告就曾指出,"(智慧法院建设)不仅整体工作参差不齐,即使如电子卷宗随案同步生成和深度应用、执行信息化系统建设应用等最高人民法院反复强调的重点工作也存在认识不足、推动不力、成效不显著等明显问题","电子诉讼推广应用亟待加强,网上立案和网上缴费的比例还处于较低水平,网上证据交换、网上开庭则很少得到应用"。③ 理论界也关注到了这一问题,例如左卫民就谈到:"到目前为止,司法人工智能在实践中取得了一定成效,但其运用现状仍难称理想,至少大部分的实际运用并未达到开发者或使用者先前所期待的功效,故而只能被称作'个别开花'。"④王禄生也认为,司法信息化建设在核心业务方面的应用还不够深入、智能化程度不高,功能的完整性、适应性及信息化的覆盖面还有待进一步加强。⑤

---

① 参见 B 市中院信息技术室《信息技术月报》2018 年第 5 期。
② 表 4-3、表 4-4 的内容分别参见 B 市中院信息技术室《信息技术月报》2018 年第 3 期、2019 年第 1 期。
③ 参见最高人民法院《关于印发〈最高人民法院网络安全和信息化领导小组 2017 年工作报告及 2018 年工作要点〉的通知》(2018 年 4 月 17 日)。
④ 左卫民:《从通用化走向专门化:反思中国司法人工智能的运用》,载《法学论坛》2020 年第 2 期。
⑤ 参见王禄生:《智慧法院建设的中国经验及其路径优化——基于大数据与人工智能的应用展开》,载《内蒙古社会科学》2021 年第 1 期。

表 4-3 2018 年 3 月 B 市法院系统推广业务系统使用情况统计

法院名称	电子档案 借阅次数	智能电子卷宗系统 案件数	电子签章系统 用印数	审委会系统 会议数	赔委会系统 会议数	案件评查系统 评查数	法警系统 派警数	网络理事 事项数	来访系统 登记人数	鉴定评估系统 案件数	院长办公会系统 会议数
市中院	517	11232	453529	93	2	617	323	139	164187	225	11
法院1	2	27174	128451	44	未使用	1069	301	3	未使用	未使用	2
法院2	1	18965	8765	63	未使用	0	44	0	未使用	未使用	未使用
法院3	6	未使用	10213	35	未使用	0	112	0	未使用	未使用	未使用
法院4	0	未使用	42562	7	未使用	2	45	1	未使用	未使用	未使用
法院5	73	未使用	16254	2	未使用	17	128	1	未使用	未使用	未使用
法院6	24	未使用	14215	55	未使用	111	142	0	未使用	未使用	7
法院7	0	14824	19582	23	未使用	65	119	4	未使用	未使用	未使用
法院8	3	未使用	20136	26	未使用	924	46	1	未使用	未使用	未使用
法院9	0	17598	21689	24	未使用	5	172	1	未使用	未使用	未使用
法院10	0	未使用	13652	36	未使用	6	113	4	未使用	未使用	未使用
法院11	362	未使用	42515	36	未使用	0	450	3	未使用	未使用	未使用
法院12	0	未使用	985254	3	未使用	1541	70	1	未使用	未使用	未使用
法院13	1	未使用	65215	7	未使用	4	149	0	未使用	未使用	未使用
法院14	0	未使用	13698	31	未使用	0	80	1	未使用	未使用	未使用
法院15	1	未使用	12036	18	未使用	44	62	2	未使用	未使用	未使用
法院16	2	未使用	10242	13	未使用	0	119	1	未使用	未使用	5
法院17	4	未使用	14456	17	未使用	80	50	0	未使用	1	3
法院18	0	未使用	75485	56	未使用	16	34	39	未使用	未使用	未使用
法院19	0	未使用	12596	30	未使用	36	37	0	未使用	未使用	未使用
法院20	0	未使用	16598	10	未使用	0	63	0	未使用	未使用	未使用
法院21	0	未使用	14658	20	未使用	130	57	1	未使用	44	未使用

表 4-4　2019 年 2 月 B 市法院系统推广业务系统使用情况统计

法院名称	电子档案	智能电子卷宗系统	电子签章系统	审委会系统	赔委会系统	案件评查系统	法警系统	网络理事	来访系统	鉴定评估系统	院长办公会系统
	借阅次数	案件数	用印数	会议数	会议数	评查数	派警数	事项数	登记人数	案件数	会议数
市中院	1577	16150	118679	130	5	617	2142	76082	302054	729	24
法院 1	602	20142	120755	58	1	1162	1865	18152	5824	135	10
法院 2	623	5988	71143	89	2	20	317	12623	未使用	167	4
法院 3	659	12899	95208	49	2	323	887	12163	未使用	344	3
法院 4	553	17604	99969	30	未使用	712	538	14933	43	335	14
法院 5	2123	未使用	107609	17	2	56	1076	14661	未使用	370	3
法院 6	207	16132	64578	77	6	235	420	6924	53	155	27
法院 7	273	16957	45548	34	1	101	1078	4469	未使用	167	3
法院 8	275	1	21620	31	1	924	661	1208	未使用	123	3
法院 9	8	1223	61965	32	未使用	782	1054	6089	未使用	205	1
法院 10	638	1	31247	44	未使用	98	934	4413	未使用	2	9
法院 11	561	12629	73620	53	未使用	54	2072	6109	未使用	247	未使用
法院 12	29	1769	33564	6	未使用	2451	941	3266	未使用	174	3
法院 13	1	129	27720	22	未使用	1154	901	1513	1304	76	6
法院 14	2	683	36850	53	4	11	828	1331	8136	99	11
法院 15	198	132	32417	20	未使用	44	239	1918	未使用	52	1
法院 16	2	8	23864	18	未使用	445	855	948	未使用	52	16
法院 17	119	5863	26309	27	未使用	315	406	1609	15553	71	18
法院 18	1	132	29996	74	未使用	181	476	2194	27	141	4
法院 19	709	2535	18942	42	3	65	423	897	16391	19	12
法院 20	0	6	18124	18	未使用	0	491	979	未使用	27	1
法院 21	33	662	11543	30	未使用	290	391	490	未使用	115	7

3. 产品使用与系统开发之间的矛盾

智慧法院建设还面临法院系统与外部系统——科技公司之间的矛盾,该矛盾的实质是产品使用与系统开发之间的矛盾。自20世纪90年代政务信息化工程实施以来,法院系统开始从社会上引入专业信息技术机构为其提供信息化开发专业服务。这一时期,一些法院将与信息化建设相关的策划、建设和开发工作都交由科技公司完成,受专业限制,法院业务人员几乎不怎么参与,而是等待"交钥匙工程"完工。① 进入大数据人工智能时代,科技公司凭借其技术和资源进一步扩大了这种优势,"成为司法人工智能系统研发的技术主力"②,智慧法院建设也因此成为科技公司占主导地位的"卖方市场"。科技公司的主导地位体现在技术方案的提出、系统软件的开发以及运维保障等方面的支配地位。对此现状,B市中院的某副院长曾表达过担忧:"由于公司人员数量和能力的提升远滞后于公司市场的扩张,公司的技术能力和响应时间严重不到位,公司对法院业务的了解和领会程度有限,造成业务系统至今仍无法顺畅运行,更无法实现业务系统与法院工作的深度融合。"③《B市"智慧法院"五年发展规划(2019—2023)》(征求意见稿)也指出了B市法院系统所面临的这一尴尬处境:"近两年法院与公司的合作效果欠佳,究其原因主要为:一是公司基于利益最大化考虑,除一些有较强推广价值的创新项目,现有软件系统更趋于标准化和统一化,不愿进行定制化开发或本地化修改……三是两家主要从事法院业务系统软件开发的公司,由于面临法院用户较多、项目也较多,投入到B市法院委托项目的技术力量不足,造成速度缓慢、效果不佳。"科技公司在智慧法院建设过程中的支配地位可能带来两

---

① 参见池强主编:《北京法院电子政务建设探索与实践》,人民法院出版社2010年版,第11页。
② 郑曦:《人工智能技术在司法裁判中的运用及规制》,载《中外法学》2020年第3期。
③ 以上内容系B市中院某副院长在2017年A省全省法院信息化工作会议上的讲话。

种后果:一是两大主体地位不平等、信息不对称,难以成为亲密的合作伙伴进而展开深度合作;二是科技公司利用这种支配地位,对法院的信息化诉求消极应对,甚至还可能利用法律人对科技领域的陌生,以"低人工智能"甚至"伪人工智能"成果交差。①

三、智慧法院建设实践难题的成因探析

智慧法院建设过程中的三重矛盾,揭示了智慧法院建设过程中几种重要的关系,即上下级法院之间、法院系统与外部系统以及科技公司之间的关系。

(一)上下级法院信息化建设目标的差异性

当前的智慧法院建设主要采用一种"自上而下"的推进机制,这种推进机制更多强调上级法院的主导和统筹,强调地方法院服从和服务于上级法院,尤其是最高人民法院的"统一领导、统一规划"。在这种政策机制下,地方法院在信息化建设方面的特殊性有可能得不到充分关照,进而加剧智慧法院建设的阻力。在笔者看来,前述问题的根源,在于上下级法院在信息化发展目标上的差异性。这种差异性导致上下级法院在推进智慧法院建设的路径选择与推进方式上的差别。例如有学者指出,我国的下级法院在面对上级法院的政策或指令时,时常会选择"策略性服从"。在该论者看来,法院系统作为科层体系,必然会受到委托代理关系的制约。在现实中,下级法院不执行上级法院

---

① 参见郑曦:《人工智能技术在司法裁判中的运用及规制》,载《中外法学》2020年第3期。

指令的情况也屡见不鲜。① 作为法院建设的一个方面,智慧法院建设也同样受到下级法院司法政策执行偏好的影响,在这种政策执行偏好的影响下,下级法院会评估执行相关政策的利弊,进而确定其行动逻辑。如前所述,在智慧法院建设过程中,上级法院特别是最高人民法院更加重视智慧法院建设的统筹,强调"统一领导、统一规划"。这种顶层设计往往概括性和原则性较强,并不完全适应不同层级、不同地区法院的信息化需求。因此我们看到,一些法院倾向于在上级法院的统一规划之下积极推进试点和创新,有学者就此认为:"地方法院才是中国智慧法院建设的真正舞台。"②这种创新的动力,来源于地方法院追求创新性、个性化的现实需要,例如应对案件多样性、复杂性,增强司法管理的创新性等。而最高人民法院、各高级人民法院推出的一些应用系统有时兼容性较差,无法提供增设应用或进行修改的接口,实践中不少法院转而开发自己的应用系统。在上级法院注重统筹、强调数据标准统一而下级法院更加注重实用性、追求"特色"并权衡成本和收益的背景下,上下级法院因组织目标差异而导致的行为差异就出现了。例如,为了解决公告送达慢的问题,A 省高级人民法院自建了公告送达平台。按照规定,只要案件双方当事人均在 A 省境内就可以使用 A 省高级人民法院的这一平台。然而,这一举措却被叫停。2019年9月,最高人民法院下发通知要求各省公告平台全部停用,只能用最高人民法院的公告网。前述事例充分说明,上级法院有时候并不能"设身处地"为下级法院着想,下级法院也不会盲从于上级法院的政策和指令,而是权衡政策执行的成本和收益,进而决定严格执行、部分执行、选择执行乃至变通执行等。其中的原因也很简单,各级法院本身

---

① 参见于晓虹:《策略性服从:我国法院如何推进行政诉讼》,载《清华法学》2014 年第 4 期。

② 王禄生:《智慧法院建设的中国经验及其路径优化——基于大数据与人工智能的应用展开》,载《内蒙古社会科学》2021 年第 1 期。

就是一个自成一体的系统,有着自身的组织目标,因而政策的执行在很多时候都要围绕其自身的组织目标展开,指望上级法院充分理解和关照下级法院的目标诉求,或者期待下级法院总是严格贯彻执行上级法院的政策目标,在很多时候可能只是一种愿景。

(二)外生动力与内在需求之间的张力

前文所述,当前上级层面大力推进智慧法院的建设,但在实践中,智能司法产品总体上的应用水平却相对较低。前述现象的产生,显示了智慧法院建设过程中外部动力与内在需求之间的张力。司法信息化建设是国家信息化发展总体战略的重要组成部分,必须服从和服务于国家的信息化发展方略。司法信息化的发展历程也表明,中国法院的信息化建设是在国家的直接推动下展开和发展的,其中的重要标志就是司法信息化建设工程(即"天平工程")被国家正式立项。因此,高位推动对司法的信息化、智能化发展有着直接、现实的影响。在高位推动之下,法院系统从上到下纷纷将司法信息化、智能化作为法院建设的"一把手"工程,最高人民法院一度将司法信息化上升到司法事业发展"车之两轮、鸟之两翼"的重要地位(另一个是司法改革)。[①] 由此可见,高位推动是法院系统推进司法信息化、智能化建设的重要外部动因。然而,智慧法院建设的推进光有外部动力还不够,还必须契合司法人员的内在需求。这种内在需求集中体现为智能辅助与支持,即为办案人员提供智力和体力方面的双重支撑,切实减轻工作负担。然而从目前来看,智能司法产品的涌现,并没有为司法办案提供可靠的智能化解决方案,也没有从根本上缓解法官及其他人员的办案负担,甚至还带来新的工作事项、新的司法管理需求、新的风险与挑战等,对于办案人员的束缚和限制有增无减,从而造成法院系统内部期

---

① 参见马海燕:《周强:司法改革和信息化是司法事业车之两轮》,载中国新闻网(https://www.chinanews.com.cn/gn/2015/07-02/7381248.shtml),访问日期:2021年12月5日。

望值的降低，使不少法院缺乏推进智慧法院建设的内在动力。因此，法院系统尤其是中基层法院在智慧法院建设问题上呈现出"两张面孔"：一方面，由于高位推动，各级法院都很重视智慧法院的建设，通过将智慧法院建设作为"一把手工程"，在话语层面不断保持智慧法院建设的热度；另一方面，由于目前司法领域的智能化应用更多体现在内部监管以及对外服务方面，而在智能辅助办案方面殊少助益。有鉴于此，部分法院对于智慧法院建设并不真正感兴趣。在这样的背景之下，尽管智慧法院建设面临强大的外部推动力量，但在部分法院内部，特别是地方法院内部，审慎心态和悲观情绪仍然占有一定比例，"外力推动"受制于"内在需求不足"，进而出现"强力推动"与"有限应用"这一矛盾现象。

（三）业务专业性与技术专业性之间的矛盾

上文分析了智慧法院建设过程中上级规划与下级创新、强力推广与有限应用之间的矛盾，在笔者看来，前述矛盾是由于司法科层之间的目标差异、外在动力与内在需求之间的张力所致。事实上，智慧法院建设过程中还存在法院与科技公司之间的矛盾，当前的很多问题或许都与此相关。而法院和科技公司之间矛盾的实质，体现了业务专业性和技术专业性之间的摩擦。法院工作尤其是审判工作具有很强的专业性，这种专业性体现在裁判主体的能动性、裁判知识的专业性、裁判程序的程式化等方面。司法工作的专业性要求智能司法产品应尽可能地贴合办案实际，能够按照法官办公办案的逻辑、思维、标准提供辅助和支持。但在现实中，智能司法产品往往很难达到前述标准。笔者在调研中就曾了解到，B市中院的类案推送系统就不太受法官的欢迎。虽然实践中法官对类案推送的需求很大，但是该院的类案推送系统使用结果却时常不尽如人意。B市中院信息技术室的相关负责人向笔者透露："目前类案检索系统不好用，因为不好用，法官就用得少。"前述事例反映出当前部分智能司法产品无法解决法院的专业性工作,亦难以胜任疑难、复杂案件的智能辅助工作,出现"系统融贯性不足"的问题。① 事实上,前述现象并非 B 市法院系统的个例,同样具有一定的普遍性。例如有学者就指出,人工智能辅助司法裁判存在"三不能":对复杂性案件的理解不能、对法治热点案件的调控不能、对新型疑难案件的推理不能。② 也有学者谈到,"由于法院系统和审务系统高度的专业性和复杂性,即使科技公司花费很大力气去调研,也很难真正掌握其特点",实践中"虽然投入了巨大资金,但效果很不好","所集成的这些软件,使用价值很低"。③

与司法工作强调"业务专业性"不同,智能技术研发强调"技术专业性"。"技术专业性"强调的是技术的专业取向,其实质是"将智能技术作为引领司法改革创新和破除司法改革困境的支配因素"④。在智慧法院建设过程中,法院与科技公司之间存在诸多方面的不和谐现象,在很多时候技术专业性凌驾于业务专业性之上。近年来,在司法领域,"以信息化技术为主业的公司和技术供给,均已呈爆炸性增长"⑤。在市场利润的驱动下,大量科技公司纷纷进入智慧司法领域,并利用自身的资源和技术优势垄断话语权。例如,上海市高级人民法院研制"206 系统"时,某科技公司派出的技术人员达到 300 余人,约占参研人员总数的一半。而在经费资源方面,科技公司的实力也颇为

---

① 在刘艳红看来,"系统融贯性不足"是我国智慧法院乃至世界智慧法院建设所面临的共同难题之一。参见刘艳红:《人工智能技术在智慧法院建设中实践运用与前景展望》,载《比较法研究》2022 年第 1 期。
② 参见帅奕男:《人工智能辅助司法裁判的现实可能与必要限度》,载《山东大学学报(哲学社会科学版)》2020 年第 4 期。
③ 参见麦永浩、赵廷光:《中国电子政务建设与人民法院信息化》,国防工业出版社 2003 年版,第 5 页。
④ 王禄生:《智慧法院建设的中国经验及其路径优化——基于大数据与人工智能的应用展开》,载《内蒙古社会科学》2021 年第 1 期。
⑤ 孙笑侠:《论司法信息化的人文"止境"》,载《法学评论》2021 年第 1 期。

雄厚,一些"互联网+法律"公司动辄就获得千万甚至亿级的融资。①相比之下,法院系统在技术和资源方面却相形见绌。受制于此,法院很多时候不得不过度依赖科技公司,进而形成科技公司在智慧法院建设中的支配地位。而科技公司作为市场主体,在进行智能司法产品研发的过程中遵循的是市场逻辑,最大化地追求利润和收益,对法院所关注的专业问题往往关注不够、研究不深,有些企业不愿意将其核心技术投入到相对"穷酸"的法律领域,甚至将通用领域的大数据技术平移至司法场域(而非专用核心技术)。② 不仅如此,科技公司的支配地位也会导致智慧法院建设过程中"重技术"而"轻专业"的倾向,只强调"技术专业性"而忽视"业务专业性",出现"搞开发的不懂审判,懂审判的无暇参与开发"现象,结果导致"产品智能化程度低、适用度不高、用户体验差"③,部分信息化产品和设备"沦为摆设"。④

四、小结

本章以 B 市中院的智慧法院建设实践为例,归纳了当前 B 市智慧法院建设所取得的成效及存在的问题,包括上级规划与下级创新之间的矛盾、强力推广与有限应用之间的矛盾、产品使用与系统开发之间的矛盾。智慧法院建设过程中的三重矛盾,反映了信息技术与法院工作融合过程中的冲突与不平衡。前述矛盾在短期内不会消失,而且会

---

① 参见《中国 251 家法律科技公司谁主沉浮?〈2017 年度互联网法律服务行业调研报告〉发布!》,第三届新兴法律服务业博览会暨 Legal+高峰论坛会议论文,上海,2018。
② 参见刘艳红:《大数据时代审判体系和审判能力现代化的理论基础与实践展开》,载《安徽大学学报(哲学社会科学版)》2019 年第 3 期。
③ 刘楠:《司法信息化:从效率提升到价值发现》,载《人民法院报》2017 年 5 月 18 日,第 2 版。
④ 参见池强主编:《北京法院电子政务建设探索与实践》,人民法院出版社 2010 年版,第 11 页。

在智慧法院建设过程中经常、反复出现。自 2015 年 7 月最高人民法院首次提出"智慧法院"概念以来,智慧法院建设在法院建设全局中的重要性日益凸显,最高人民法院甚至将司法改革和信息化建设作为人民司法事业发展的"车之两轮、鸟之双翼"①。由此不难看出,作为法院实现治理体系和治理能力现代化的重要载体,智慧法院建设必将长期进行下去。

---

① 参见孙航:《智慧法院:为公平正义助力加速》,载《人民法院报》2019 年 9 月 18 日,第 1 版。

第五章　信息化如何塑造中国法院

目前,信息化已经渗透到法院工作的方方面面,成为司法工作无法忽视、无法拒绝的"重要存在"。肇始于特定历史背景之下的法院信息化,经过数十年的发展,事实上已经并将继续对中国法院产生各种影响。对此问题,理论界和实务界也给予了高度的关注并涌现出诸多具有代表性的学术成果。例如,有论者认为,随着智能技术开始进入自适应学习以及自主学习阶段,人工智能的高可解释性、强泛化能力将使人工智能自主司法决策成为可能[①];也有观点认为,随着互联网对新型法院和诉讼制度的塑造,"审判也正在被重新定义"[②];还有观点认为,随着大数据、人工智能等技术在司法领域的应用,中国司法系统的审理流程已经发生了重大的变化,出现了"广泛而深刻的质变和突变"[③];然而,也有观点认为,信息化、数字化可能只是改变了法院内部的管理效率和信息传播方式,而不会改变法官的办案方式以及工作风格[④];等等。

---

① 参见周尚君、伍茜:《人工智能司法决策的可能与限度》,载《华东政法大学学报》2019年第1期。
② 参见王福华:《电子法院:由内部到外部的构建》,载《当代法学》2016年第5期。
③ 参见季卫东:《人工智能时代的司法权之变》,载《东方法学》2018年第1期。这方面的研究还可以参见史明洲:《区块链时代的民事司法》,载《东方法学》2019年第3期;洪冬英:《司法如何面向"互联网+"与人工智能等技术革新》,载《法学》2018年第11期。
④ 参见陈洪、徐昕:《"信息化时代的司法与审判"学术研讨会精要》,载《云南大学学报(法学版)》2010年第4期。

当前有关信息化如何影响中国法院的观点可谓众说纷纭、见仁见智。通过对这部分研究的进一步分析,笔者发现,当前的研究或多或少存在以下两方面问题:一是研究的系统性不强,目前的研究普遍将技术—司法之间的关系作为一个附带性的问题加以研究,而未将其作为一个专门的问题予以对待,从而导致当前的研究普遍存在系统性不强的问题;二是研究内容更偏重于宏观层面、应然层面,而在微观层面、实然层面的研究还不够具体、深入。综上所述,有关信息化如何影响、塑造中国法院的问题,尚值得进一步研究。

一、信息化对人民法院信息联结机制的塑造

在笔者看来,信息化对法院最直观的影响莫过于促进了纵向层面的"通联"。诚如苏力所言,"地域特点和地理空间的广阔就有可能影响权力的运作方式","必须重视空间位置对权力实际运作可能产生的影响"。① 纵向层面的"通联"改变了上下级法院之间的孤立关系,使得上下级法院之间"点状"的联结转变成如今"线状"的联结。法院系统纵向层面的连接使得法院之间因为地域和层级导致的沟通障碍逐渐被打破,法院的地域性因为信息网络的互联而日益弱化,由此带来上下级法院之间沟通机制的变化。

(一)司法信息化的历史展开

信息的传递对于一个组织的生存和发展至关重要。现代管理理论之父巴纳德在1938年就指出组织成立的三要素,即信息传递、协调

---

① 苏力:《送法下乡——中国基层司法制度研究》(修订版),北京大学出版社2011年版,第28页。

意志、目标一致。他认为,信息对组织结构变化起着支配作用。① 唐斯也指出:"在等级制的权威组织中,对行动和资源配置进行协调,就是大量的信息上传下达以及命令、决定向下传达的过程。"②在相当长一段时间内,受物质装备水平的影响,法院系统内部的信息传递机制非常落后,上下级法院之间信息沟通困难。据时任最高人民法院纪检组副组长蒋福康回忆:"上世纪80年代,人类社会已进入信息时代,可法院系统信息的搜集、整理仍沿用手工方式,信息的传递也依靠邮寄,最高人民法院打市话还靠人工台转接。'严打'期间,当月的司法统计,最高人民法院要延后30~45天才能上报,落后的技术装备严重影响最高人民法院的工作,'信息不灵,情况不明,指导不力'。"③

为了解决上下级法院之间信息沟通问题,最高人民法院开始有意识地改善法院系统的通信条件。1986年4月8日,在第六届全国人大四次会议上,郑天翔提出"加强信息传递,加强统计工作,加强综合分析",以改变法院"信息不灵的落后状况"。④ 1987年,在第十三次全国法院工作会议上,郑天翔再次提出"充分利用现有的条件,加强上下级法院之间的联系,加快信息传递"⑤。1996年,最高人民法院发布首个信息化建设规划,即《全国法院计算机信息网络建设规划》,提出在"九五"期间,"建成以最高人民法院为核心,覆盖全国31个省、自治区、直辖市高级人民法院以及大部分中级人民法院的全国法院计算机信息网络系统,并力争到2010年时覆盖全部基层人民法院,实现全国各级法院间的网络互联"。《全国法院计算机信息网络建设规划》是

---

① 参见邹生:《信息化探索20年》,人民出版社2008年版,第200页。
② 〔美〕安东尼·唐斯:《官僚制内幕》,郭小聪等译,中国人民大学出版社2017年版,第46页。
③ 最高人民法院编:《人民法院改革开放三十年·文集》,人民法院出版社2008年版,第113页。
④ 郑天翔:《行程纪略》,北京出版社1994年版,第475页。
⑤ 郑天翔:《行程纪略》,北京出版社1994年版,第528页。

最高人民法院发布的第一个正式的信息化建设文件,在此之后,最高人民法院陆续发布了一系列信息化建设指导文件,成为指导全国法院推进信息化建设的指南和依据。

(二)信息化带来的内部沟通机制变革

1. 上下级法院信息沟通与联结的强化

达玛什卡曾指出,"在上级审查既是常规又很全面的司法组织中,下级官员所主持的程序总是会产生大量的'细节',为了应对'细节汪洋',科层机构中的上级很可能会发展出新的'浓缩工具'"。① 在过去,受通信条件和信息获取能力的限制,上级法院很难及时准确地掌握下级法院的审务动态。面对海量的司法文书和卷宗材料,上级法院和司法管理主体陷入了巨大的信息"洪流"之中。信息化建设促进了法院之间的通联,打破了信息闭塞条件下不同层级法院之间的割裂状态,使法院系统日益联系紧密、信息畅通。这种信息联结无疑有助于上级法院最大限度地掌握下级法院的司法动态,并推动上级法院政策和命令的传达与执行。据最高人民法院内部相关人士的回忆,最高人民法院和各高级法院建了电话会议室之后,"最高人民法院随时可召开电话会议……这个网的建成使下面有紧急情况上报,或最高人民法院有紧急指示下达,都可以随时发送,几分钟内便可送达,信息不灵的状况得到了改变"②。北京市法院建成的会议电视网也大大缩短了高级法院与各级法院之间的距离,极大地提高了工作效率。③ 中国裁判文书网的建立,就极大地便利了"最高人民法院掌握各级人民法院

---

① 〔美〕米尔伊安·R.达玛什卡:《司法和国家权力的多种面孔——比较视野中的法律程序》,郑戈译,中国政法大学出版社2004年版,第77页。
② 最高人民法院编:《人民法院改革开放三十年·文集》,人民法院出版社2008年版,第113页。
③ 参见池强主编:《北京法院电子政务建设探索与实践》,人民法院出版社2010年版,第179页。

裁判文书上网工作的总体情况",从而有利于"及时有效地开展监督指导工作"。① 这方面的例子还有很多,在此不一一列举。

2. 上级法院司法信息"汲取"能力的强化

信息化在促进法院系统之间联结的同时,也强化了上级法院向下"汲取"信息的能力,体现在两方面:

其一,在信息收集的效率方面。20世纪七八十年代,人民法院大量的统计信息处理工作都要经过手工操作完成,统计报表差错多、时间长,"一篇司法分析报告往往需要数个月甚至更长的时间"②。进入90年代中期,全国31个高级法院以及100个中级法院配备了计算机。如此一来,"统计报表的准确性、及时性有了显著提高。全国法院的统计报表汇总时间,比10年前缩短了近两个月。各高级法院的统计报表基本上消除了差错"③。近年来,随着大数据和云计算的广泛应用,人民法院收集信息的速度进一步加快,"形成一篇调研报告只需要一周甚至更短的时间"④。

其二,在信息的收集范围和深度方面。随着法院信息化水平的不断提升,法院系统部署的诸多业务系统都具备了数据收集功能并与司法统计软件联通,这为司法管理主体收集更大范围的司法数据提供了便利。在传统的司法活动中,大量司法数据和信息的生成,主要依赖制式的数据表单。⑤ 上级法院需要某方面的数据,往往直接抽取制式

---

① 最高人民法院研究室编:《司法文件选解读(2014年精选集)》,人民法院出版社2015年版,第565—566页。
② 李林、田禾主编:《中国法院信息化发展报告 No.1》(2017),社会科学文献出版社2017年版,第97页。
③ 王立文:《法院司法统计手段现代化取得进展》,载《人民法院报》1995年5月28日,第1版。
④ 李林、田禾主编:《中国法院信息化发展报告 No.1》(2017),社会科学文献出版社2017年版,第97页。
⑤ 有论者谈到,实践中一线法官是司法大数据的生产者(或称提供者),他们负责将审判执行相关数据信息录入人民法院大数据管理和服务平台。参见孙晓勇:《司法大数据在中国法院的应用与前景展望》,载《中国法学》2021年第4期。

表单的信息。但制式表单受填写内容的限制,往往是以基本的"收、结、存"为填写基础,数据范围过于狭窄。在信息化条件下,依托大数据挖掘和分析技术,上级法院或司法管理主体可以不受传统数据表单的限制,可任意提取其希望获取的数据内容(尽管数据的准确性尚无法保证)。

  需要指出的是,信息的畅通在法院系统内部也衍生了一些负面问题。例如,信息化背景下,上级法院对下级法院司法工作的介入更趋频繁和深入,这种介入可能会给一线办案人员造成困扰。在调研中,B市中院审管办相关负责人就告诉笔者,"自从搞了视频会议之后,会议就更多了,条线的会议也特别多。一会儿最高院的知产庭要开个什么会,然后省院又开,接着中院再开,这些会议大多属于'机制会',例如推进'两个一站式'、推进'诉源治理'等。但另一方面,法院内部的专业会议却越来越少了。"

二、信息化对人民法院办案体制机制的塑造

  司法办案是人民法院工作的中心,法院信息化自然应当围绕这一中心工作展开,通过信息手段为保证案件质量、提高审判效率、促进司法公正提供有力的技术支撑和保证。① 就本章来看,信息化对司法办案产生了影响,这种影响主要体现在办案方式、办案效率以及办案质量三个方面。

(一)信息化提供了多样化的办案工具选择

  司法办案的过程,本质上是一个获取信息并对信息进行甄别、选

---

① 参见柳福华:《践行司法为民 加强公正司法——上海市第一中级人民法院院长陈立斌访谈录》,载《人民司法(应用)》2013年第21期。

择的过程。正如有论者所指出的,"法律与法律服务的核心是法律信息"①。因此,如何构建一个科学高效的信息获取渠道,是人民法院信息化追求的重要目标。事实上,诚如有论者所言:"科技司法应用的功能在于最大限度地实现审判信息对称。加强科技司法应用,就是要让法院内部的审判主体能够及时地获取审判信息,并内化为案件裁判的知识力量。"②在人民法院发展的不同历史阶段,法官所凭借、依赖的办案工具大不相同。在20世纪八九十年代,法院几乎所有的工作都要依靠手工完成,司法办案高度依赖纸质材料,信息获取渠道非常单一。一名基层法院干部回忆其初入法院时的工作场景:刚参加工作那会儿,法院的信息化程度不高,办公辅助的电脑并未普及,新法律的颁布、新司法解释的学习,一般还是来源于法院报和司法文件选等。上级法院依旧会在重大法律修改后,将新的法律汇编成册,发给各个法官作为办案工具用书。③ 文献资料显示,自20世纪80年代以来,最高人民法院每年均会编制司法手册,里面包含当年制定的法律法规、司法解释以及其他重要文件等,用于指导各级法院办案。直到2005年前后,最高人民法院才停止对这一办案工具书的编撰。

除办案工具书之外,最高人民法院还通过发行机关报、机关刊等方式加强对办案活动的指导。1992年,河南省内乡县人民法院院长杨相奇在全院大会上表示,"法院经费再紧,其他都能少,而《人民司法》不能少"。据称该院在经费十分紧张的情况下,力保最高人民法院机关刊物《人民司法》等业务书刊的征订,做到全院95名干警人手一份《人民司法》。同时利用每月培训日,对口学习《人民司法》。三年来,

---

① 〔英〕理查德·萨斯坎德:《法律人的明天会怎样?——法律职业的未来》,何广越译,北京大学出版社2015年版,第182页。

② 孙海龙、高翔:《科技应用与司法公正的思辨》,载《人民司法(应用)》2012年第1期。

③ 参见巢烨:《父亲的法条索引笔记》,载中国法院网(https://www.chinacourt.org/article/detail/2018/10/id/3537963.shtml),访问日期:2022年4月1日。

共征订《人民司法》等业务书籍3600余册,用以指导审判人员办案。①2002年,时任最高人民法院副院长刘家琛也曾谈到,各级法院要充分认识《人民司法》在我国审判业务指导和工作研究方面的重要作用,将《人民司法》作为审判人员、执行人员必备的学习用书,保证人手一册。②

进入21世纪,随着法院信息化建设的全面推进,传统纸质文献不再是唯一的信息获取渠道。据相关人士回忆,这一时期"各庭室配备了电脑,接通了宽带,翻看那些一本本厚厚的办案手册的时间少了很多,工作效率却比以前有了提高"③。办案人员开始"适应信息化的审判、办公环境,习惯于上班首先打开计算机,开始一天的工作和学习"④。近年来,法院信息化特别是智慧法院建设深入推进,智能化业务系统的应用呈"井喷"之势,这为法官提供了越来越多的办案工具选择,例如裁判文书自动生成、同类案例搜索、文书自动纠错、文书隐名处理等司法辅助功能,"越来越多的法官依赖于应用系统"⑤。事实上,笔者在调研中也了解到,司法信息化的确给法官办案提供了更多的工具和选择。例如,在B市中院,民六庭的受访法官即告诉笔者他关注了诸多法律公众号,例如"法信""庭前独角兽""法客帝国""天同"等。他还会在微信上搜索观点和文章。据其反馈,这些公众号、小程序、观点和文章对其办案都有很大的帮助。

---

① 参见炳涛、新法:《内乡县院人手一份〈人民司法〉》,载《人民司法》1992年第7期。
② 参见刘家琛:《加强法院工作研究 促进法院队伍建设——在〈人民司法〉2003年发行工作会议上的讲话(摘要)》,载《人民司法》2002年第9期。
③ 巢烨:《父亲的法条索引笔记》,载中国法院网(https://www.chinacourt.org/article/detail/2018/10/id/3537963.shtml),访问日期:2022年4月1日。
④ 苏泽林主编:《司法行政管理改革的路径与成效》,人民法院出版社2013年版,第107页。
⑤ 参见刘琼:《信息化 法律人大步迈向的未来——读〈法律人的明天会怎样〉有感》,载《人民司法(天平)》2016年第36期。

(二)对办案效率的影响

1.信息化提升了法院整体的办案效率

办案效率是衡量信息化建设成效的一个重要指标。诚如有论者指出的,"效率是本位的、第一性的,其他价值是派生的、第二性的",在该论者看来,"先有效率,才有其他价值的实现"。① 在信息化水平较低时期,人民法院的办案效率普遍不高。据上海市虹口区人民法院某法官回忆,在20世纪90年代后期,"一台铅字打字机和一台手动滚筒式墨印机承担了全院法律文书和其他文件的制作,于是一份简单的调解书往往要等上几天"②。因此,在较长一段时期内,司法信息化的首要目的就是要提升司法效率。③

信息化对于提升人民法院的案件处理效率具有积极且显著的作用。例如,案件视频会商系统投入应用之后,下级法院原则上就不再需要携卷到上级法院汇报,节约了上下级法院间的工作时间和成本。④ 而"远程提讯"系统的应用则让远程提讯摆脱了时空的限制,远距离讯问成为可能。据最高人民法院相关负责人透露,过去的死刑复核案件中,最高人民法院两至三名法官(平均往返5天)到当地关押场所提讯被告人,高级人民法院两名法官(平均往返4天)和中级人民法院一名法官(平均往返3天)参加,费时费力。采用音视频系统后,死刑复核的工作效率大为提高。⑤ 再比如,电子签章系统应用之后,长期困扰人

---

① 刘楠:《司法信息化:从效率提升到价值发现》,载《人民法院报》2017年5月18日,第2版。
② 张斌主编:《岁月如歌——我与法院共成长》,上海市虹口区人民法院2012年编,第127页。
③ 在孙笑侠看来,2012年前,我国司法信息化建设的主导价值就是法院和法官的工具性"效率"。参见孙笑侠:《论司法信息化的人文"止境"》,载《法学评论》2021年第1期。
④ 参见李林、田禾主编:《中国法院信息化发展报告No.1》(2017),社会科学文献出版社2017年版,第109页。
⑤ 参见苏泽林主编:《司法行政管理改革的路径与成效》,人民法院出版社2013年版,第101页。

民法庭的"盖章难"问题得到解决,当庭宣判率得以提高,当事人稍微等候即可拿到判决书。① 又比如,智能文书校对系统应用之后,司法文书的校对效率大为提高。最高人民法院的相关资料显示,原来手工检查、修改、排版一篇典型的司法文书的时间需要 2 小时,现在只需要 10 分钟。② 在一些法院,应用智能审判系统之后,法官案头工作效率甚至提升了 30%~50%。③ 此外,近年来伴随着互联网司法、在线诉讼的兴起与发展,司法信息化不断开辟"司法的新境界",催生了司法理念、诉讼程序、法庭形态、审理模式等方面的重大创新。④

2. 信息化对于审限控制效果明显

推行审判流程管理,是人民法院"一五纲要"中明确提出的改革举措。按照论者的观点,"其根本目的是通过对案件审理的不同阶段与不同环节进行跟踪管理,确保案件审理工作的公正与高效"⑤。笔者在调研过程中发现,审判管理软件的应用对于控制审限问题起到了良好的效果(特别是长期未结案件方面)。表 5-1 统计了全国法院 2004—2016 年审结的超审限案件情况,可以看到,在 2015 年之前,人民法院审结的超审限案件整体上呈下降趋势(2015 年之后之所以呈上升趋势,其主要原因可能是立案登记制改革的推行导致人民法院收案量大增)。这种趋势的出现很大程度上与人民法院推行严格的审判流程管理有关(其核心就是审限控制),在这其中,审判流程管理系统就发挥了关键的作用。正如有论者指出的:"在实践中,流程管理执行

---

① 参见《北京市高级人民法院"数字法院"系统》,载《电子政务》2008 年第 Z1 期。
② 参见苏泽林主编:《司法行政管理改革的路径与成效》,人民法院出版社 2013 年版,第 108 页。
③ 参见李林、田禾主编:《中国法院信息化发展报告 No.1》(2017),社会科学文献出版社 2017 年版,第 138 页。
④ 参见景汉朝:《互联网法院的时代创新与中国贡献》,载《中国法学》2022 年第 4 期。
⑤ 赖波军:《司法运作与国家治理的嬗变:基于对四川省级地方法院的考察》,北京大学出版社 2015 年版,第 137 页。

效果显著。"①在调研过程中,相关的访谈也进一步印证了笔者的前述判断。B 市中院民六庭的法官告诉笔者,"现在一般情况下真不会超审限,没有人超审限。我自己的一个超审限案件是因为操作失误,我已经点了提请归档,结果当天忘了将相关的卷宗材料移送档案科,档案科自然就视为没有结案"。B 市中院技术室的一名法官助理也告诉笔者:"(现在)超审限的基本上很少,大部分的法官都是会在审限内结案。"

表 5-1 全国法院审结超审限案件数量统计②

年度	超审限审结数(合计)	其中超过审限		
		不满 6 个月	6 个月以上不满 1 年	1 年以上
2004	13963	11776	1416	771
2005	9568	8229	1004	335
2006	6822	5892	654	276
2007	7394	6236	748	410
2008	9770	8472	779	519
2009	8156	5874	1628	654
2010	11742	7469	3467	806
2011	7944	5515	1013	1416
2012	5103	3714	496	893
2013	5289	4267	386	636
2014	6804	5720	653	431
2015	10967	9897	887	183
2016	19745	16998	1720	1027

(三)对办案质量的影响

在信息化背景下,法官的裁判行为日益受到外部裁判环境的影

---

① 左卫民:《信息化与我国司法——基于四川省各级人民法院审判管理创新的解读》,载《清华法学》2011 年第 4 期。
② 以上数据根据最高人民法院公开数据整理。参见最高人民法院编:《人民法院司法统计历史典籍(1949—2016)》,中国民主法制出版社 2018 年版,第 112—276 页。

响,特别是随着裁判文书的普遍公开,整个社会尤其是律师和当事人,逐渐有了更多的影响裁判行为的方法和路径,法官在司法办案过程中受到的外在约束日渐增多。顾培东谈到,信息技术给审判运行带来了三个明显的效果,其中之一就是"提高了审判运行的透明度","保证了法院内各主体之间在审判过程中信息的相互对称"。① 笔者的实证调研支持了前述论断。在 B 市中院,民六庭的某法官即向笔者透露,法官的裁判行为和倾向被越来越多的律师关注、研究。该法官谈到,"现在律师用了很强大的软件,他们如果要检索某一个法官,某一类案由,只需将这两个关键点一结合,这个法官的倾向性观点一下子就出来了"。该名法官表示,"之前还有个律师给我打电话,说你去年和前年有两个案子,基本上是同样的案子,但是同案不同判。是什么原因?是不是你们庭上出了新的裁判规则?他们就在分析每个法官,你以前一直都是这样判的,现在为什么不这样判了?他们的软件很吓人,已经可以精准到那个地步了,可以分析每个法官的倾向性"。

笔者询问:"现在律师提供类案参考的多不多?"该法官表示,"非常多。他们经常会提供一个二维码,无讼案例每个案例下面都有一个二维码"。该法官补充到,"他要么整个复印给你,要么就是给你提交一个二维码,你自己在手机上就可以查看"。笔者进一步询问:"这种操作对您来讲有没有什么影响?"该法官表示,"有帮助。因为法官还是想多看看其他法院对同一个案子是怎么判的,特别是你自己没有遇到的新类型案子"。该法官向笔者讲述了一个令其印象深刻的医疗美容消费者权益保护案件,"这个案子我基本上就是依靠大数据。我在裁判文书网、无讼案例、法信案例中找与本案类似的案例,支持'构成欺诈消费者,该退一赔三'的有哪些法院,裁判观点是什么"。用该法官的话说,"现在的大数据,如果能够分门别类的话,对办案有非常大的帮助"。

---

① 顾培东:《人民法院内部审判运行机制的构建》,载《法学研究》2011 年第 4 期。

而在 C 区法院,该院刑庭某法官也向笔者表示,其在"新类型、复杂的案件"中会用到类案检索。据该法官讲述,其办理的一起"非法经营案"即用到了类案检索。在该案中,对于涉案财物"柴油"究竟是否属于"非法经营罪"的处罚范围,实践中争议较大,A 省境内尚无判决先例。于是该法官检索了其他地方法院的案例,发现其他地方法院有将柴油认定为"非法经营罪"处罚范围的判例。最后,该法官将检索的相关判例提交给了本院审委会,用该法官的话说,"类案检索对本案的处理有实质帮助作用"。

上述事例表明,信息化背景下法官在司法办案过程中面临更多"软约束",这种"软约束"将有助于提升法官办案的"审慎性",从而确保案件办理的质量。当然也应当看到,司法信息化并没有触及影响审判质量的核心要素——法官自由裁量、案外因素等。例如,仍以类案检索为例,即使当前的技术水平能够提供满足裁判需要的类似案例,但却很难保证法官必然会受检索类案的约束,因为是否以及如何参考类案仍然依赖于法官的主观认知。① 正是基于这一点,有论者才指出,信息化本身面临某种"局限性","司法信息化虽有助于但却不全部适合现阶段中国的具体现实,亦不能完全达到公正、高效等司法价值目标"。②

三、信息化对司法管理体制机制的塑造

司法管理是司法活动中的一项重要内容,历来受到法院系统的重视。最高人民法院原院长任建新曾谈到,"要加强、改善审判工作,必

---

① 刘磊认为,在司法场域,对法官最具说服力且能为其接受的判例,并不一定是"真理"意义上"最相似"的判例,而是经由综合考量确定的对法官"最有用的"判例。参见刘磊:《通过类案比较实现"类案同判"——以司法场域分析为视角》,载《地方立法研究》2022 年第 2 期。

② 董青梅:《马锡五审判方式对数字时代司法的价值》,载《行政与法》2017 年第 6 期。

须加强、改进管理。相反,加强、改进了管理,必定会促进和推动审判工作的进一步发展"①。时任最高人民法院院长王胜俊也指出:"法院工作中一些问题的产生都与案件有关,都与管理有关。"②而司法管理的核心,就是收集、获取和利用各种司法信息,"人民法院的管理过程,实质上就是信息的获取、加工和利用信息进行决策的过程"③。在数字时代,人民法院的数据生成、数据收集以及数据利用模式等均发生了重大的变化,这种变化对管理主体、管理对象均产生了广泛而深刻的影响。

(一)对管理主体的影响

有论者提出,信息化"不是简单地用计算机代替手工劳动,也不是将传统的管理方式照搬到计算机网络中,而是借助现代信息技术,引进现代管理理念",对"落后经营方式、僵化组织结构、低效管理流程等,进行全面而深刻的变革"。④ 有论者也指出,信息化的本质不是用计算机代替算盘,而是"对现有的管理体系、生产体系进行全面优化和改造革新"⑤。

1. 信息化有效提升了司法管理水平

随着现代信息技术在司法管理活动中的广泛应用,人民法院的司法管理越来越受到信息技术的影响。目前,各级法院已经普遍熟练应用信息化手段开展司法管理,信息化为司法管理主体提供了新的管理工具、新的管理内容,为司法管理主体开展更系统、更深入、更微观的

---

① 《人民法院年鉴》编辑部:《人民法院年鉴·1991》,人民法院出版社 1994 年版,第 519 页。

② 王胜俊:《创新和加强审判管理 确保司法公正高效——在全国大法官专题研讨班上的讲话》,载《人民司法(应用)》2010 年第 17 期。

③ 王少南主编:《法院实用信息管理》,人民法院出版社 2007 年版,第 3—4 页。

④ 中共中央文献研究室编:《十五大以来重要文献选编》(下),人民出版社 2000 年版,第 2086 页。

⑤ 段永基:《我国信息化任重道远》,载《人民日报》2002 年 7 月 6 日,第 7 版。

管理提供了可能。

其一,信息化促进了传统司法管理模式的转变。例如,"数字法院"改变了以往上级法院的精神需要通过各种会议层层传达、层层转发文件这种金字塔式的管理模式。有了"数字法院",各级法院领导开始习惯于通过实时的客观数据来了解工作情况,指导工作进行,而不再完全依赖传统的召开会议、手写脑记的工作方式。① 与此同时,信息化背景下,大量的司法数据可以由后台搬到前台,司法管理主体可以实时掌握审判工作情况,传统的人盯人、人盯案的管理方式得以转变,自主管理和扁平化管理得以实现②,管理方式的转变又会带来管理水平和能力的提升。

其二,信息化提升了司法管理的质量和效率。以文书评查为例,在实施信息化管理之前,在案多人少的情况下,许多管理工作往往效率很低,很多工作只能进行形式意义的审查。信息化之后,文书评查的效率和效果大为增强。③ 在调研过程中,B市中院审管办相关负责人就向笔者谈到了信息化带给审判管理的"好处"。该负责人谈到,数据是很客观的,特别是流程管理,数据管理是很有效的。自2003年开始,我们就开始开展流程管理。把所有的案子从立案到结案,按诉讼法的规定做成若干个流程节点。比如一个案子的审限是三个月,我们就将其拆解到每个节点,然后系统就可以要求办案人员在规定时间做规定动作。规定时间没有做规定动作,系统就会进行提示。与此同时,通过流程管理,还可以对案件进行高效、中效、低效的分析。

2. 信息化带来新的司法管理负担

信息化特别是智慧法院建设的持续推进,法院系统部署的业务系

---

① 参见《北京市高级人民法院"数字法院"系统》,载《电子政务》2008年第Z1期。
② 参见李林、田禾主编:《中国法院信息化发展报告 No.1》(2017),社会科学文献出版社2017年版,第111页。
③ 左卫民:《信息化与我国司法——基于四川省各级人民法院审判管理创新的解读》,载《清华法学》2011年第4期。

统数量与日俱增,由此导致司法管理的事项、内容空前增多,管理难度增大,这也给司法管理主体带来了新的挑战。以法院内部主要承担审判管理职责的审管办为例,在信息化背景下,审判管理部门不仅要发布大量的审判态势分析报告,而且还要完成各种名目的数据收集和复核工作,其承担的司法管理负担日趋加重。在 B 市中院,鉴于该院司法统计系统并不十分准确、智能,为了有效地对本院审判执行部门和下级法院进行管理,该院审判管理部门的工作人员不得不花费大量的时间对各种司法数据进行人工复核。笔者了解到,该院的数据统计系统仅能提供相对简单、单一的数据统计,按照 C 区法院审管办负责人的说法,这种统计方式面临诸多缺陷,无法完成一些更微观、更细致的统计。例如当事人基本情况的统计分析,如要完成此类案件的情况统计,就需要逐案进行人工统计,费时费力,难度颇大。

(二)对管理对象的影响

在传统的办案场景中,法官以及审判辅助人员更多地关心案件办理的质量及效率,而在信息化场景之下,法官尤其是审判辅助人员必须应付越来越多的智能化业务系统,这势必会对法官以及审判辅助人员的注意力分配造成影响。

1. 对一线法官的影响

在信息化环境下,法官必须更多地担负传统司法办案活动中根本就没有的办案任务,例如进行庭审直播(录播)、使用科技法庭、探索新的办案系统等。在传统的办案场景中,法官完全不需要考虑这些问题。随着越来越多的业务系统被嵌入法官的办公办案平台,法官有时候难免感到困扰。例如,在 C 区法院,该院刑庭某法官就对庭审直播的必要性持保留态度。笔者询问其"有没有看过自己直播的案件?"对方表示"没有"。但他同时表示,自己有看过本院其他人直播的案件,"我们院很小的一个案子,几万人观看。哪里来的这么多的人?据我了解,反正不是跟案件相关的人,我不晓得为啥子有这么多人去看"。对于各级法院目前正在大力推进的远程视频庭审,该法官也表达了他的看法,"用不用远程视频庭审,对于法官影响不大,法官还是要花相同的时间用来审理案件"。在该法官看来,远程视频庭审"真正减少的只是押解成本以及押解风险,并没有减少法官的办案时间"。在笔者看来,该法官的观点或许反映了不少法官的心声。在信息化场景下,法官有时候也只是在应法院管理者的要求而刻意进行"表演"。

2. 对审判辅助人员的影响

审判辅助工作是"保障和促进法院作为一个整体性审判组织的运作质量和效率不可或缺的"重要组成部分。① 如前所述,随着各类信息化业务系统的应用,司法管理的负担日益加重,这种负担自然会传递到审判辅助人员身上。例如,笔者在调研中即了解到,为了满足诉讼全流程公开的需要,最高人民法院要求地方各级法院推进"有效公开率"②这一工作,具体要求是在诉讼服务系统填写并完善当事人的联系方式(必须是手机号码,以便实时向当事人推送流程信息)以及与当事人之间的互动信息。该项工作开展难度较大,推行效果不佳,最高人民法院办公厅于 2019 年 1 月 31 日发布《2018 年全国法院审判流程信息公开情况的通报》,要求各级法院"深入查找有效公开率偏低的原因,进一步提升有效公开率"。为此,A 省法院系统开展了一场声势浩大的信息补录工作,将相关信息补录到系统中。对于这一补录工作,B 市中院审管办的某法官助理曾对笔者谈到:"根据最高法的要求,我们只好补录了很多手机号进去,包括一些关押在看守所的被告人,(对于这部分人)我们一般补的是公诉人的电话号码(笑),公诉人

---

① 赖波军:《司法运作与国家治理的嬗变:基于对四川省级地方法院的考察》,北京大学出版社 2015 年版,第 201 页。
② 所谓有效公开,是指公开案件的案件信息中至少一名当事人或诉讼代理人的证件号码和手机号码被完整填录,该当事人或诉讼代理人可通过该手机号码登录统一平台查询审判流程信息。

就很生气。"该法官助理同时表示,类似的信息补录工作每年都会发生,我们只好把已经办结了的案件退回到审理状态,只有这样才能够补填这些信息,刑事案件尤为突出。C 区法院审管办发布的《2019 年工作总结及 2020 年工作计划》也记录了这一信息补录事件,该院"通过全院培训会、一对一指导等方式全面推开整改补录工作,最终在 2 天内组织全院 100 余名审辅人员完成了 15610 个案件的信息补录"。

上述情形只是信息化背景下审判辅助人员工作负担日益加大的一个缩影。数字时代,审判辅助人员必须处理大量的、传统司法办案中并不涉及的技术性工作,传统的审判辅助工作已经在内容和形式方面发生了诸多变化。C 区法院的书记员即向笔者透露,以结案为例,在传统办案程序中,书记员只需将相关案卷材料整理好交给档案室即算结案。但现在,书记员需要对拟结案的卷宗按照顺序进行电子扫描录入、填写结案卡片、人工打码等,才算真正完成了归档工作。该书记员所在团队的法官颇有感触地告诉笔者,"我们审辅人员,有了信息化之后,工作量是增加而不是减少"。以裁判文书为例,该法官谈到:"我只对我最后交给书记员的定稿负责,定稿之后其他操作就是书记员的工作,如文字校对、匿名化处理、文书上网,要求多得很,在传统的办案程序中审辅人员是没有这些工作的。因为有了这些所谓的平台、这些技术,工作量反倒增加了。以前的工作'一审一书'(书记员)可以做完,为什么现在要按照'一审一助一书'进行配备?原因就是因为事情做不完了。"

四、小结:技术融于司法的有效性及其限度

(一)技术融于司法的有效性

如同上文所述,信息化对法院内部的信息联结机制、司法办案机

制以及司法管理机制均产生了广泛的影响:其一,信息化促进了法院内部之间的通联,打破了上下级法院之间信息的"割裂"状态,使得法院系统日益联系紧密。与此同时,信息化强化了上级法院向下"汲取"司法信息的能力,客观上将强化上级法院对下级法院的宏观指导与司法控制。其二,信息化一定程度上重塑了传统的司法形态,带来传统办案方式的变革、提升了司法效率,客观上也有利于提升案件办理的质量。其三,信息化重塑了法院的管理形态。司法信息化极大地扩展了传统司法管理的范畴,推动了司法管理的精细化,提升了有效性。但与此同时,也为司法管理主体带来新的管理事项,新增管理负担。而在管理对象方面,依托信息化手段所进行的司法管理面临认同度不高的问题。信息化背景下法官和审判辅助人员不得不经常性地处理大量的技术性工作,这在传统的司法办案中较少涉及。对这些技术性工作的处理,势必将影响法官以及审判辅助人员的注意力分配,也会直接影响其对法院信息化工作的认同度。

(二)技术治理逻辑的有限性

前述分析表明,现代信息技术应用于司法,既有其有效性的一面,也有其有限性的一面,后者是技术治理逻辑局限性的表征及结果。从目前来看,信息化并未根本性地影响和塑造中国司法。信息化并未改变法院作为一个司法机关的本质,也并未改变法院组织对人而非技术的依赖性;信息化并未促成司法体制层面的根本改革抑或变迁,诸多技术应用其本质仍属于机制变革的范畴;信息化并未解决人民法院所面临的基本矛盾,并未根本改变司法程序运作的内部性,外界对司法运作的"内景"仍无从窥视;与此同时,法院的信息化未能根本性地解决法院的"人案矛盾"问题,"案多人少"的困境似乎日益突出;此外,法院信息化也并没有从整体上改变裁判结果的可信度和公信力,也并未实质性助益司法公正的实现;等等。

1. "刻板"的技术与"能动"的法官

按照相关论者的观点,"科技本身是中性的工具,取决于操纵这个工具的人"①。在司法过程中,法官总是能动地执行司法政策、司法命令。尽管司法组织一直力图通过引入技术工具来抑制这种能动性,但在很多时候都归于失败。其中的原因,或许是因为任何制度"都必须通过人的自愿合作来完成",如果没有人的自愿参与,那么"任何制度设计都注定失败"。② 事实上,早在多年之前,时任最高人民法院院长肖扬就曾谈到,庭审直播、裁判文书说理、文书上网等在司法实践中困难重重,"症结在于'制',更在于'人'——法律的适用者法官本身"③。这充分说明,"人"在司法体系中始终居于核心地位,技术效应的发挥必须依赖于"人"的能动性,依赖于"人"的"自愿合作"。

在笔者看来,信息化功能的实现在很大程度上依赖于技术使用者的能动性及其作用。仍以前文提升"有效公开率"事件为例,在信息化背景下,最高人民法院虽然具备监督各级地方法院完成这一司法命令的条件和能力,但作为实际执行者的下级法院,是否愿意忠实执行这一命令又另当别论。事实上,笔者看到的情况是,下级法院为了完成该项工作,灵活采取了诸如补登公诉人联系方式的应对方法,从形式上满足上级法院提升"有效公开率"的要求。又以流程监管和审限控制为例,为了应对系统监管,办案人员在实践中发明出诸多应对办法。在 B 市中院民六庭,笔者询问一名法官:"如果超审限怎么办?"该法官回答:"在实务操作中,不会有人去超审限,大家都会用各种方法扣审限,也不会有人延长审限,都是扣了。现在对超审限有很多解决办法,形同虚设。就拿我的案子来说,这个案子超审限确实是因为搞忘了,超了一天。我就跟审管办协调,后来通过'倒扣审限'把它恢复了、

---

① 孙笑侠:《论司法信息化的"人文"止境》,载《法学评论》2021 年第 1 期。
② 苏力:《法官遴选制度考察》,载《法学》2004 年第 3 期。
③ 肖扬:《肖扬法治文集》,法律出版社 2012 年版,补记,第 565 页。

解决了。"受访法官表示:"系统并没有锁死你,这个是系统的漏洞。反正超了一天了,也没有哪个监管我们,软件自身并没有监管你。"B市中院技术室的一名法官助理也告诉笔者:"现在超审限的基本上很少,大部分的法官都会在审限内结案。如果有什么原因不能在审限内结案,他们也会申请延长审限或扣减审限。"上述事例充分说明,技术是"刻板"的,而人是"能动"的。人民法院在运用司法技术的过程中,必须首先正视"人"的能动性。希望通过信息化手段强化司法管理和内部管控,可能会陷入"反控制定律"①的误区,从而导致相应的调控手段归于失败。

2. 技术治理逻辑的有限性

如同前文所述,司法工作具有特殊性,这种特殊性意味着,很难以通用领域的技术标准、手段来看待和解决法院本身所面临的问题。当前,法院系统显然对信息技术的期待过高,存在某种"理想主义"倾向。正如有论者所指出的:"比起基层人民法院,高级人民法院和最高人民法院看上去更像是法院系统中的技术乐观主义者,它们都资金充沛而野心勃勃。"②然而,考虑到信息本身的模糊性特征,同一信息往往存在多种解释的可能。与此同时,技术手段也是由人控制的,这就导致技术手段不能自行解决治理中的实质性问题。③ 目前法院系统内部特别是部分领导轻信现代信息(智能)技术的应用能够解决法院系统所面临的全方位的问题,包括办案、办公乃至改变法院系统内外的人际交往规则,希望技术的应用能系统性、综合性地解决法院所面临的基本矛盾或困境。这种认识未免有些理想化。事实上,有论者认为,"电

---

① "反控制定律",即"上层官员越想控制其下属,下属越试图逃避或抵制这种控制"。〔美〕安东尼·唐斯:《官僚制内幕》,郭小聪等译,中国人民大学出版社2017年版,第119页。
② 芦露:《中国的法院信息化:数据、技术和管理》,载苏力主编:《法律和社会科学》(第15卷第2辑),法律出版社2017年版,第49页。
③ 参见周雪光:《中国国家治理的制度逻辑:一个组织学研究》,生活·读书·新知三联书店2017年版,第18页。

子计算机并不是万能的,并且终究是由人来使用的,决不能取代人的主导作用"①。有论者也指出:"法官审理疑难案件的过程,尤其当需要决断复杂的原则、政策、道德问题时,已经远远超出了当前及可预见的计算机系统的能力范围。"②因此,在中国的司法场域中,技术治理逻辑很有可能失效,本章的分析也再次证明了这一点。过度重视技术而忽视人的主体性作用,纵使技术控制措施很严密、技术性能很优异,亦很难达致司法管理主体预期的目标,法院组织及办案人员个体也很难真正从信息化进程中受益。

本章从沟通机制、办案机制、司法管理机制三方面探讨了信息化对人民法院的影响。在笔者看来,信息化的确在微观层面重塑了中国法院,带来法院内部沟通方式、办案方式以及司法管理方式不同程度的变化。"信息化与传统司法相结合,作用巨大,前景可期。"③但也应当看到,这种变化更多体现在微观层面,亦即法院工作机制方面的变迁,而较少涉及法院体制层面的变化。信息化在影响和塑造中国法院方面,其现实功能和实际作用可能被不恰当地夸大。笔者通过实证调研发现,实践中的法院信息化有着非常现实、非常具体的运作模式。在这种运作模式下,作为技术使用人的办案人员才是法院信息化进程中的灵魂和核心。因此,法院信息化建设可能并不在于法院系统在多大程度上应用了现代信息技术(包括人工智能技术),也不在于软硬件设备的应用多大程度上解放了法院组织的生产力,信息化建设的核心要旨在于人—机的良好协同与合作,即机器能在多大程度上为司法人员提供有效的信息指引,司法人员又会在多大程度上主动接受并服从于机器的科学性安排。

---

① 龚祥瑞、李克强:《法律工作的计算机化》,载《法学杂志》1983年第3期。
② 〔英〕理查德·萨斯坎德:《法律人的明天会怎样?——法律职业的未来》,何广越译,北京大学出版社2015年版,第109页。
③ 徐隽:《推动智慧法院建设转型升级》,载《人民日报》2019年10月17日,第5版。

第六章　我国司法信息化的前景展望

有论者回忆其参加全国法院第三次信息化工作会议时,随会议材料发放的就有一本牛津大学教授理查德·萨斯坎德所著的《法律人的明天会怎样?——法律职业的未来》。① 理查德·萨斯坎德指出:"目前看来并没有无法反驳的论点,没有不可逾越的法律或原则要叫停不断推进的法院计算机化。"②在该论者看来:"法律市场正处于史无前例的变动之中。未来20年间……法院的运作方式也会改变。若无法适应,那么很多传统的法律服务机构必将被淘汰出局。"③有论者也谈到,"司法审判的信息化实现只是开始,而绝不是终点"④。在人民法院的信息化已经成为一种历史趋势的背景下,一个自然而然的问题就是:司法信息化究竟要往何处发展?如何确保司法信息化更好地助益法院审判体系和审判能力现代化的实现?

---

① 参见刘琼:《信息化 法律人大步迈向的未来——读〈法律人的明天会怎样〉有感》,载《人民司法(天平)》2016年第36期。
② 刘琼:《信息化 法律人大步迈向的未来——读〈法律人的明天会怎样〉有感》,载《人民司法(天平)》2016年第36期。
③ 〔英〕理查德·萨斯坎德:《法律人的明天会怎样?——法律职业的未来》,何广越译,北京大学出版社2015年版,第11页。
④ 陈洪、徐昕:《"信息化时代的司法与审判"学术研讨会精要》,载《云南大学学报(法学版)》2010年第4期。

一、平衡好司法机关的需求与公众的期待

(一)司法需求与公众期待仍存落差

就法院自身来看,人民法院必须适应国家信息化发展的总体战略,必须通过信息化手段来解决自身面临的诸多问题,必须以改革的姿态来回应社会公众的关注和诉求。这样的背景决定了人民法院的信息化建设必将长期坚持下去。但是,正如前文所分析的,基于前述目标而开展的信息化建设并未达致预期的社会效果,相反,在信息化建设过程中还产生了诸多实践难题。这种问题的出现,与司法信息建设未能有效平衡司法需求与公众期待有莫大的关系。就法院来说,其希望通过信息化手段来提升自身的办案水平和司法管理能力,而非一种他者化的视角。例如,有论者就谈到,从各地法院的情况来看,信息化主要针对人民法院内部的管理,在该论者看来,这一过程信息化基本上成为人民法院自身的行为,其制作主体是人民法院的工作人员,服务对象主要也是人民法院内部的行政管理层,呈现"单方"信息化的特征。① 而就诉讼参与人(及其他社会公众)而言,普遍希望诉讼程序更简便(而不是更复杂)、更透明。但是,现实与实践仍存在不小的落差。有论者提出,希望智慧法院建设"以尊重、维护、保障律师的执业权利为出发点和归宿点"。以流程管理为例,希望智慧法院建设过程中流程管理能够实现以下功能:网上立案、联系法官、实时知情、文书提交、网上阅卷、关联推送、案件排期、笔录共享、合议公开、文书公开、网上送达、执行公开、异地互联、上下联通、网上评价以及全程监督等,

---

① 参见左卫民:《信息化与我国司法——基于四川省各级人民法院审判管理创新的解读》,载《清华法学》2011 年第 4 期。

以"切实实现律师对审判工作全程的即时监督"①。有论者也谈到,"就当事人需求来看:电子诉讼的运用还必须解决实质公平问题",在该论者看来,"受技术条件和知识技能制约,并非每个人都有电脑等终端设备且连接互联网,并非每个人都会操作,电子诉讼的设备和技能要求对那些没有能力利用电子技术的当事人而言是不公平的"。②

(二)法院需求与公众期待的平衡

时任国家信息化专家咨询委员会副主任杨国勋曾谈到,"技术路线关键是需求导向,效益为本,与本单位或本部门中心工作密切结合"③。该论者认为,既要说服别人也要说服自己,要证明我们信息化建设是应该和值得搞的。④

一方面,信息化建设应当更好地服务审判执行工作。正如有论者所指出的,"信息化还要十分重视与中心工作密切配合","信息化的工作计划要密切结合单位的热点问题进行安排"。⑤ 有论者认为,"需求导向"是推进智慧法院建设的基础性问题之一。⑥ 也有论者认为:"各级人民法院要把促进执法办案作为检验信息化工作成效的重要标准……审判工作开展到哪里,信息化工作就要支撑到哪里;审判工作遇到什么困难和问题,信息化工作就要帮助解决什么困难和问题;审

---

① 吕红兵:《律师心中的"智慧法院"》,载《中国律师》2017年第5期。
② 王福华:《电子诉讼制度构建的法律基础》,载《法学研究》2016年第6期。
③ 杜平主编:《中国电子政务十年(2002—2012)》,社会科学文献出版社2012年版,第252页。
④ 参见杜平主编:《中国电子政务十年(2002—2012)》,社会科学文献出版社2012年版,第90页。
⑤ 杜平主编:《中国电子政务十年(2002—2012)》,社会科学文献出版社2012年版,第90页。
⑥ 参见刘楠:《司法信息化:从效率提升到价值发现》,载《人民法院报》2017年5月18日,第2版。

判工作需要什么服务,信息化工作就要提供什么服务。"①对信息化建设重管理、轻服务,一些话语层面受到领导重视的项目对于普通办案人员而言却相对"无感",由此造成了法院系统内部对于信息化建设的"认同危机"。

另一方面,切实解决信息化为民的问题。信息化的最终目标是提升司法效率、促进司法公正,努力让人民群众在每一个司法案件中都感受到公平正义。从目前开展的信息化实践来看,信息化并未实质上便利群众诉讼,也没有总体上提升司法的理性化程度。不仅如此,在一些方面,信息化还在一定程度上加重了人民群众的诉讼负担,产生新的社会问题。事实上,有论者指出:"那种出于解决法院自身难题、向社会转移司法成本的做法,时机和度一旦掌握得不好,尽管司法机关会沾沾自喜,但社会并不买账。"②前述问题的存在,会削弱法院信息化建设的正当性基础,那么多的人力、物力、财力投入,到头来只是法院"自娱自乐"?因此,"信息化为民",应当成为下一阶段信息化建设的关键任务。

为此,要以司法为民为导向,构建便民化的智慧司法体系。正如前文所分析的,当前上下级法院在智慧法院发展目标上存在差异性,上级法院在推进智慧法院建设的过程中比较关注应用系统的统一性,而对下级法院在信息化建设方面的多样化诉求重视不足。笔者认为,上下级法院基于组织目标的不同而采取的差异化行动本无可厚非,但是应该注意到,这种分歧不仅会造成司法资源的浪费,甚至还会影响司法行为本身的公平性,因此亟需解决。仍以前文公告送达系统为例,从表面上看,公告送达系统的全国统筹实现了司法业务办理的统

---

① 苏泽林主编:《司法行政管理改革的路径与成效》,人民法院出版社 2013 年版,第112—113 页。
② 胡道才:《以破解司法难题为司法改革的动力与评价标准》,载《人民司法(应用)》2009 年第 3 期。

一性、规范性,但从实际效用来看,这种统一事实上导致了公告送达成本的增加、周期的延长,大大降低了公告送达效率。为了减少上下级法院之间的这种摩擦,笔者认为必须进一步强调智慧法院建设的目的。事实上,无论是上级法院的统筹规划,还是下级法院的地方创新,归根结底都是为了促进法律的统一、准确实施,提升司法效率,确保人民群众在每一个司法案件中都感受到公平正义。因此,智慧法院建设要特别注重"司法为民"的价值原则,只有将前述原则贯穿到智慧法院建设的全过程,才有可能最大限度地消除上下级法院在智慧法院建设问题上的分歧,才能协调好智慧法院建设的路径和步骤,真正解决智慧法院建设过程中上下级法院之间的矛盾问题。与此同时,要反思当前智慧法院建设过程中的"层层加码"现象。如前所述,在最高人民法院的要求下,各地法院均将智慧法院建设作为"一把手工程"。在这种动员机制下,一些法院盲目上马了诸多智慧法院建设项目,部分不成熟的信息化产品也因此进入司法机关,从而助长了智慧法院建设的"泡沫"。不仅如此,在这种层层压力之下,为了完成上级法院制定的推广任务,一些不实用、使用价值较低的业务系统相继部署,在受到办案人员的"冷落"后,纷纷束之高阁。因此,如何提升智慧法院建设的"实效化运用与集约化运用"[①]水平,应当成为各级法院尤其是最高人民法院需要思考和关注的问题。

二、明确技术改革和司法改革的内在关系

(一)技术改革不应取代司法改革的作用

2009 年,《人民法院第三个五年改革纲要(2009—2013)》将"加强

[①] 顾培东:《人民法院改革取向的审视与思考》,载《法学研究》2020 年第 1 期。

人民法院信息化建设"作为五年司法改革的主要任务之一。2014年,在全国法院第二次信息化工作会议上,时任最高人民法院院长周强提出:"加快推进信息化建设,是适应新形势新任务、推进人民法院审判体系和审判能力现代化的必然要求,是深化司法改革的重要内容和强大动力。"[1]2015年,最高人民法院《关于全面深化人民法院改革的意见——人民法院第四个五年改革纲要(2014—2018)》发布,再次提出"推动人民法院信息化建设。加快'天平工程'建设,着力整合现有资源,推动以服务法院和公众需求的各类信息化应用"。近年来,信息化建设在人民法院工作全局中的重要性日益凸显,甚至与司法改革并列为人民法院发展的"车之两轮、鸟之两翼"。[2] 在这样的背景下,信息化建设问题由此成为法院工作的重中之重,信息化手段也被认为是法院体制改革、机制改革的重要抓手。不仅如此,在推进技术应用的过程中,我们虽然表面上强调技术的"辅助"功能,但是又暗地希望司法技术的应用能够有助于解决法院面临的诸多深层次问题,甚至体制、机制层面的问题。

正如有论者所指出的,信息化"只是一种载体","不能滋生对信息化的过度信任和依赖"。[3] 本章的分析表明,法院信息化属于机制改革的范畴,其作用具有有限性,不能取代制度改革本身的功能和作用。信息技术不是万能的,现代信息技术同样存在诸多方面的功能缺陷,例如,信息技术的高度标准化特征,而实践中的法律很多时候则是异质性、非标准化的;又如,信息技术具有非人格化的特征,但是法律事务通常又必然包含人的良心、理性、情感,这就决定了信息技术必然会与司法实践形成冲突;再比如,我们强调现代信息技术能够发挥"智

---

[1] 罗书臻:《全面加强人民法院信息化建设 努力实现审判体系审判能力现代化》,载《人民法院报》2014年8月23日,第1版。
[2] 参见孙航:《智慧法院:司法服务插上信息化翅膀》,载《人民法院报》2018年12月8日,第1版。
[3] 车红蕾:《以信息化促进审判管理科学化》,载《人民司法(应用)》2011年第1期。

能辅助"功能,但又将信息技术的应用扩大到人的主观能动性层面。比方说,庭审自动语音识别的目的在于实现庭审过程的自动识别及转化,但是庭审笔录本身是一项"能动"的工作,庭审笔录的制作过程本身就包含大量人的主观能动性。因此,即使自动语音识别能够达到百分之百的识别效果,其"实录"效果也可能无法完全取代庭审笔录的记录效果。

在信息化成为越来越重要的实践话语的背景下,信息化与司法改革之间的关系越来越不明晰、边界日益模糊。更重要的是,对信息化的过度强调,有可能导致原本需要体制、机制改革解决的问题被信息化问题遮蔽,从而导致信息化建设高歌猛进,体制、机制改革却止步不前。对信息化建设问题的过度关注,甚至让我们忽略司法改革本身的问题。事实上,这一问题已经引起了一些学者的关注,其认为大数据和人工智能的特征可能会导致司法改革陷入"技治主义"的风险。在该论者看来,在"技治主义"路径下,司法改革的复杂性被简单化,司法改革的难题也借由技术手段予以回避,由此会导致司法改革出现"目标被替代"的风险。①

(二)司法改革应为技术应用提供更多制度支撑

在笔者看来,技术改革不仅不应取代司法改革的作用和功能发挥,司法改革还应为技术改革提供更多的内外部支持,以提升技术改革本身的有效性。正如顾培东所指出的,"软件的技术原理与新的审判运行机制的机理不相匹配,软件开发过程中未能充分消化审判运行机制的要求,原理、制度及技术三者互相分隔,没有通融性的理解和一致的解决方案"。在顾培东看来,根本性的问题仍然在于软件开发者对法院建构与运行的模式缺少系统把握,许多问题在制度层面本身就

---

① 参见王禄生:《大数据与人工智能司法应用的话语冲突及其理论解读》,载《法学论坛》2018年第5期。

不够明确或未能解决。① 有论者也谈到,"技术理性和司法理性必须要有相当的协同度",在该论者看来,制度是技术方案实现的依托,余杭的"网上数据一体化处理"就依赖于成熟的多元化纠纷解决以及诉非衔接制度;而类案推送(检索)的实现也需要首先解决案例的约束力以及裁判尺度的统一问题,如若不然,机器就只有单纯的搜索引擎和提示功能。②

前述问题也引起了实务部门的重视。有论者就曾提出:"在进行信息化建设时,既要重视机制创新,又要营造有利于机制创新的体制,使信息化建设不至于因来自传统管理体制的阻力而停滞不前。"③原最高人民法院院长王胜俊也认为,要"处理好技术完善和制度建设的关系",在王胜俊看来,"硬件软件等技术建设固然要加强,但与此同时,要坚持高起点、严要求,把制度建设紧紧跟上去。要通过制度建设保证各项技术设施有效运行"。④

就以信息化的统筹来说,如前所述,当前上级法院(尤其是最高人民法院和省级法院)加大了信息化建设的统筹。但统筹的一个前提条件是"有能力且有必要",从目前来看,上级法院并不完全具备统筹下级法院信息化建设的条件。仍以 A 省为例,A 省高院试图加大对省域内法院信息化建设的统筹,但由于目前省统管人财物并未实现,所以,这种统筹事实上难以有效展开。在调研过程中,B 市中院技术室相关负责人就向笔者表示,"省法院统筹,经费谁来保障?分灶吃饭的问题不解决,省统筹也未必统得了。全省经费统筹,都存在分灶吃饭的问题"。省法院也意识到了加强统筹的困难,例如,在 2017 年全省法院

---

① 参见顾培东:《法官个体本位抑或法院整体本位——我国法院建构与运行的基本模式选择》,载《法学研究》2019 年第 1 期。
② 参见刘楠:《新时代司法生产力与智能司法的精准导航》,载《人民法院报》2017 年 12 月 18 日,第 2 版。
③ 李瑞富、李润海:《法院信息化与法院发展》,载《山东审判》2005 年第 3 期。
④ 最高人民法院办公厅:《社会主义司法理念教育参阅材料——王胜俊院长讲话选编》(2011 年),第 565—566 页。

信息化工作会议上,省法院分管法院信息化的副院长指出,"车马炮的问题还是主要依靠各个法院自己解决,部分问题高院可以统筹研究解决,关键还是要靠人的思想转变"①。

上述事例在一定程度上说明,技术改革无法脱离制度改革的配合与支持,技术改革的推进需要体制、机制层面创造有利于技术改革推进的支撑条件,缺乏后者的协同,技术改革无疑将举步维艰。

三、完善司法信息化的推进机制

(一)进一步提升智能司法产品的实用水平

上文谈到,当前一些法院推进智慧法院建设的内在动力不足,出现"强力推广"之下的"有限应用"问题。上述问题的出现,在很大程度上是因为智能司法产品本身的问题。当前的智能司法产品无法提供解决专业工作、复杂任务的可靠方案,由此导致司法人员对相关产品和设备有用性、有效性的质疑。正如有学者所指出的那样,"智能技术虽然可以有效缓解司法程序与人力缺陷造成的瓶颈,但技术效用的不确定性本身也是一种风险"②。因此,当智能司法产品无法为司法工作提供有效的解决方案,或者相关智能司法产品的技术效用存在不确定性时,一线办案人员就会有意无意地排斥和拒绝这种技术推广。前文谈到的类案检索系统就是这方面的例证。类案检索系统之所以在 B 市中院不大受欢迎,就与类案检索系统提供的案例过于老旧、无法实现精准化检索有关,法官在很多时候不得不寻求其他机构开发的、更为实用的系统来满足其检索需求。与此同时,在推进智慧法院

---

① B 市中院分管副院长在 2017 年全省法院信息化工作会议上的讲话。
② 龙飞:《人工智能在纠纷解决领域的应用与发展》,载《法律科学(西北政法大学学报)》2019 年第 1 期。

建设的过程中,我们必须清醒地认识到法院工作也是一项高度依赖人的习惯和经验的工作。法院工作的前述特殊性,提醒我们在研发智能司法产品时,要更多地考虑智能化产品与法院工作的匹配性、融合性,特别是不能想当然地认为智能司法产品可以全能地、全领域地参与法院的各项工作。在法官早已习以为常或严重依赖经验的领域,智能化产品通常很难有用武之地。因此,我们在进行产品设计以及系统选择时,相关产品、设备必须首先满足专业性、实用性要求,必须有用、可靠、易于操作,适应法官的办案习惯。为了实现上述目标,就需要法院内部人员尤其是一线办案人员更实质地参与智慧法院建设的规划、论证和设计,而不是单纯由法院技术部门或者纯技术专家来完成这些工作,以此来解决"信息技术开发中理论研究、实务操作以及开发技术人员各自分隔"的问题。[①] 此外,应强调上级规划和下级创新的统一,使智能司法产品能有效地解决专业性、实用性等方面的问题。

(二)完善司法信息化建设的人才和保障体系

如前所述,当前的智慧法院建设严重依赖外部的科技公司,法院在智慧法院建设过程中渐失主导地位。就目前来看,智慧法院业务需求的整合、技术方案的提出、系统的开发调试、应用系统的修改等大多由科技公司完成,法院业务部门的参与严重不足。这一现状导致智慧法院建设逐渐沦为由科技公司一方主导。然而正如前述,科技公司参与智慧法院建设主要是遵循市场逻辑,其目的是最大化地追求利润和收益,而对"业务专业性"问题了解不深,或者说关心不够。这一问题的产生具有某种必然性,决定因素就是科技公司在经费资源和人才资源方面的显著优势。因此,为了弥合产品使用者与系统开发者之间的矛盾,提升法院的"自主信息化"能力显得尤为重要。而要提升这一能

[①] 参见顾培东:《法官个体本位抑或法院整体本位——我国法院建构与运行的基本模式选择》,载《法学研究》2019年第1期。

力,就必须提升法院在经费和人才资源方面的保障水平。

1. 加强司法信息化专业人才队伍建设

事实上,早在20世纪80年代初,龚祥瑞等就提出要为"我国法律工作计算机化做好理论上和人力上的准备"①。但三十多年过去了,司法信息化过程中的人才问题不仅没有解决反而更加突出。最高人民法院印发的信息化工作报告和工作要点指出,"人才和资金因素仍是制约可持续发展的两大障碍","司法改革之后,地方信息技术人员存在的编制短缺、待遇偏低、人心不稳、专业能力较弱等问题尚未得到根本解决"。②

为了应对这一问题,笔者认为,需要对当前法院的信息化人才供给体制进行改革,为法院的"自主信息化"提供必要的智力支持。改革目前的信息化人才供给体制,迫切需要对法院当前的人事政策进行某种调整。受限于目前法院的人事政策,法院系统无法为高级信息化人才提供其所期望的职业待遇,亦无法确保相关专业人员必要的职业尊荣,结果就是法院系统无法吸纳和挽留大部分的高级专门人才,大部分聘用人员在法院历练一段时间后,相继选择在公司就业,法院基本上留不住有能力的技术人员③,这是法院信息化人才队伍现状的一个缩影。为了应对这一问题,可以考虑针对信息化专业人才制定更灵活的人事政策与薪酬制度,为这部分专业人才提供更好的职业发展前景。此外,也要进一步加大法学院校复合型人才的培养,争取数年后能有一批"法律+计算机"双料人才进入司法系统,缓解智慧法院建设人才队伍数量不足、水平欠佳的问题。通过前述举措,法院才有可能建立高水平的人才队伍进而开展更高层次的信息化建设,改变当前严

---

① 龚祥瑞、李克强:《法律工作的计算机化》,载《法学杂志》1983年第3期。
② 最高人民法院《关于印发〈最高人民法院网络安全和信息化领导小组2017年工作报告及2018年工作要点〉的通知》(2018年4月17日)。
③ 参见雷本利、郭立柱、王忠民:《补短板 扩内存 增动能——新疆高院关于信息技术队伍建设的调研报告》,载《人民法院报》2017年2月9日,第8版。

重依赖科技公司的局面。

2. 提升智慧法院建设的经费保障水平

一是要继续争取国家层面的政策支持,积极争取地方政府在智慧法院建设方面的财政支持。最高人民法院指出:"天平工程基本完成之后①国家缺少支持法院信息化发展的后续重大工程经费保障,目前的信息化预算资金和智慧法院建设需求资金存在很大差距,已经成为制约智慧法院发展的重要因素。"②因此,在国家层面要进一步加强智慧法院建设的财政支持力度。有学者呼吁在司法人工智能领域倾注更多投入,必要时可以建设法律人工智能研发的"实验室"。③除国家层面的支持之外,也要继续争取地方党委、政府的支持。例如,《B市"智慧法院"五年发展规划(2019—2023)》(征求意见稿)中就提出:"全市法院要积极推动智慧法院建设与当地经济建设发展的衔接,争取党委政府的支持,努力拓宽经费筹措渠道。争取专项经费投入,解决影响和制约当前发展建设的瓶颈问题。"④二是要树立"成本—收益"理念,不仅要"开源",也要注重"节流",要将专项经费用在刀刃上。笔者了解到,B市中院就将大量经费用于"大数据中心"建设。但据了解,花费巨资筹建的"大数据中心"效果似乎并不理想,出现"不计成本"的倾向。这种"不计成本"的现象在不少地方也存在,亟需引起更多重视。

---

① 2019年10月14日,国家司法审判信息系统工程("天平工程")中央本级建设部分项目通过初步验收。参见《重磅!2019年中国法院信息化大事记发布》,载最高人民法院信息中心官方微信公众号"智慧法院进行时",2020年6月11日发布。2020年12月29日,国家司法审判信息系统工程("天平工程")项目竣工验收专家审查会召开,专家组同意国家司法审判信息系统工程("天平工程")项目竣工验收专家审查。参见陈甦、田禾主编:《中国法院信息化发展报告No.5》(2021),社会科学文献出版社2021年版,第350页。

② 最高人民法院《关于印发〈最高人民法院网络安全和信息化领导小组2017年工作报告及2018年工作要点〉的通知》(2018年4月17日)。

③ 参见左卫民:《从通用化走向专门化:反思中国司法人工智能的运用》,载《法学论坛》2020年第2期。

④ 《B市"智慧法院"五年发展规划(2019—2023)》(征求意见稿)。

参考文献

一、著作

(一)中文著作

1. 陈国平、田禾主编:《中国法院信息化发展报告 No.6》(2022),社会科学文献出版社 2022 年版。

2. 陈甦、田禾主编:《中国法院信息化发展报告 No.5》(2021),社会科学文献出版社 2021 年版。

3. 陈甦、田禾主编:《中国法院信息化发展报告 No.3》(2019),社会科学文献出版社 2019 年版。

4. 最高人民法院办公厅编:《人民法院改革开放 40 周年成就展:司法改革实践经验卷》,人民法院出版社 2019 年版。

5. 钟福雄主编:《检察信息化应知应会手册》(第 1 版),中国检察出版社 2019 年版。

6. 崔亚东:《人工智能与司法现代化——"以审判为中心的诉讼制度改革:上海刑事案件智能辅助办案系统"的实践与思考》,上海人民出版社 2019 年版。

7. 华宇元典法律人工智能研究院编著:《让法律人读懂人工智能》,法律出版社 2019 年版。

8. 郭万盛:《奔腾年代——互联网与中国 1995—2018》,中信出版社 2018 年版。

9. 何永军:《断裂与延续:人民法院建设(1978—2005)》,中国政法大学出版社 2018 年版。

10. 最高人民法院办公厅编:《党的十八大以来最高人民法院专项工作报告汇编》,人民法院出版社 2018 年版。

11. 最高人民法院编:《中国法院司法改革年鉴》(2013 年卷),人民法院出版社 2018 年版。

12. 李林、田禾主编:《中国法院信息化发展报告 No.2》(2018),社会科学文献出版社 2018 年版。

13. 李林、田禾主编:《中国法院信息化发展报告 No.1》(2017),社会科学文献出版社 2017 年版。

14. 最高人民法院办公厅编:《党的十八大以来最高人民法院大事记》,人民法院出版社 2017 年版。

15. 邹碧华:《法院的可视化管理》,法律出版社 2017 年版。

16. 周雪光:《中国国家治理的制度逻辑:一个组织学研究》,生活·读书·新知三联书店 2017 年版。

17. 黄文俊、李亮主编:《阳光之路——人民法院裁判文书上网纪实》,人民法院出版社 2017 年版。

18. 中国社会科学院法学研究所国家法治指数中心、法治指数创新工程项目组:《中国法院信息化第三方评估报告》,中国社会科学出版社 2016 年版。

19. 孙笑侠:《司法的特性》,法律出版社 2016 年版。

20. 宋远升:《法院论》,中国政法大学出版社 2016 年版。

21. 顾培东:《社会冲突与诉讼机制》(第 3 版),法律出版社 2015 年版。

22. 罗干:《罗干谈政法综治工作》,中国长安出版社 2015 年版。

23. 最高人民法院研究室编:《司法文件选解读(2014 年精选

集)》,人民法院出版社2015年版。

24. 李国光:《我的大法官之路》,人民法院出版社2015年版。

25. 左卫民等:《中国基层司法财政变迁实证研究(1949—2008)》,北京大学出版社2015年版。

26. 赖波军:《司法运作与国家治理的嬗变:基于对四川省级地方法院的考察》,北京大学出版社2015年版。

27. 卢荣荣:《中国法院功能研究》,法律出版社2014年版。

28. 丁卫:《秦窑法庭:基层司法的实践逻辑》,生活·读书·新知三联书店2014年版。

29. 苏泽林主编:《司法行政管理改革的路径与成效》,人民法院出版社2013年版。

30. 乔石:《乔石谈民主与法制》(上),人民出版社、中国长安出版社2012年版。

31. 义乌法院志编纂委员会:《义乌法院志》,中国文史出版社2012年版。

32. 肖扬:《肖扬法治文集》,法律出版社2012年版。

33. 杜平主编:《中国电子政务十年(2002—2012年)》,社会科学文献出版社2012年版。

34. 苏力:《送法下乡——中国基层司法制度研究》(修订版),北京大学出版社2011年版。

35. 池强主编:《北京法院电子政务建设探索与实践》,人民法院出版社2010年版。

36. 公丕祥主编:《审判管理理论与实务》,法律出版社2010年版。

37. 周宏仁主编:《中国信息化进程》(上下册),人民出版社2009年版。

38. 邹生:《信息化探索20年》,人民出版社2008年版。

39. 最高人民法院编:《人民法院改革开放三十年·大事记

（1978—2008）》，人民法院出版社 2008 年版。

40. 周宏仁：《信息化论》，人民出版社 2008 年版。

41. 侯猛：《中国最高人民法院研究——以司法的影响力切入》，法律出版社 2007 年版。

42. 王少南主编：《法院实用信息管理》，人民法院出版社 2007 年版。

43. 冉井富：《当代中国民事诉讼率变迁研究——一个比较法社会学的视角》，中国人民大学出版社 2005 年版。

44. 任建新：《政法工作五十年——任建新文选》，人民法院出版社 2005 年版。

45. 冯象：《政法笔记》，江苏人民出版社 2004 年版。

46. 左卫民等：《最高法院研究》，法律出版社 2004 年版。

47. 张卫平等：《司法改革：分析与展开》，法律出版社 2003 年版。

48. 麦永浩、赵廷光：《中国电子政务建设与人民法院信息化》，国防工业出版社 2003 年版。

49. 左卫民：《在权利话语与权力技术之间——中国司法的新思考》，法律出版社 2002 年版。

50. 吕新奎主编：《中国信息化》，电子工业出版社 2002 年版。

51. 董必武：《董必武法学文集》，法律出版社 2001 年版。

52. 贺卫方：《司法的理念与制度》，中国政法大学出版社 1998 年版。

53. 最高人民法院政治部编：《中华人民共和国人民法院机构名录》，民族出版社 1995 年版。

54. 郑天翔：《行程纪略》，北京出版社 1994 年版。

55. 中共山东省委政法委员会编：《政法工作重要文献选编》，山东人民出版社 1994 年版。

56. 何兰阶、鲁明健主编：《当代中国的审判工作》（上下册），当代中国出版社1993年版。

57. 彭真：《论新中国的政法工作》，中央文献出版社1992年版。

58. 最高人民法院司法行政厅编：《中华人民共和国人民法院设置简册》，人民法院出版社1990年版。

59. 江华：《江华司法文集》，人民法院出版社1989年版。

60. 最高人民法院司法行政厅编：《中华人民共和国各级人民(专门)法院设置简册》，人民法院出版社1987年版。

61. 最高人民法院办公厅：《社会主义司法理念教育参阅材料——王胜俊院长讲话选编》(2011年)。

62. 广西壮族自治区高级人民法院编：《广西法院优秀调研成果》(2009年卷)。

63. 最高人民法院政治部编：《中华人民共和国人民法院机构名录》(2009年)。

64. 河北省高级人民法院：《河北省人民法院年鉴(1993—1997)》(内部资料)，石家庄众鑫包装印刷有限公司1999年印刷。

65. 《人民法院年鉴》编辑部：《人民法院年鉴·1991》，人民法院出版社1994年版。

(二)外文著作

66. 〔美〕安东尼·唐斯：《官僚制内幕》，郭小聪等译，中国人民大学出版社2017年版。

67. 〔英〕理查德·萨斯坎德：《法律人的明天会怎样？——法律职业的未来》，何广越译，北京大学出版社2015年版。

68. 〔美〕赫伯特·马尔库塞：《单向度的人——发达工业社会意识形态研究》，刘继译，上海译文出版社2014年版。

69. 〔美〕廷斯莱·亚布洛：《最高法院的"隐士"：戴维·苏特大法官传》，何远译，中国法制出版社2013年版。

70.〔美〕马丁·夏皮罗:《法院:比较法上和政治学上的分析》,张生、李彤译,中国政法大学出版社2005年版。

71.〔美〕米尔伊安·R.达玛什卡:《司法和国家权力的多种面孔——比较视野中的法律程序》,郑戈译,中国政法大学出版社2004年版。

72.〔美〕理查德·A.波斯纳:《联邦法院:挑战与改革》,邓海平译,中国政法大学出版社2002年版。

73.〔美〕本杰明·卡多佐:《司法过程的性质》,苏力译,商务印书馆1998年版。

二、期刊

1.谢登科:《在线诉讼中证人出庭作证的场域变革与制度发展》,载《法制与社会发展》2023年第1期。

2.景汉朝:《互联网法院的时代创新与中国贡献》,载《中国法学》2022年第4期。

3.刘艳红:《人工智能技术在智慧法院建设中实践运用与前景展望》,载《比较法研究》2022年第1期。

4.孙晓勇:《司法大数据在中国法院的应用与前景展望》,载《中国法学》2021年第4期。

5.左卫民:《后疫情时代的在线诉讼:路向何方》,载《现代法学》2021年第6期。

6.郑戈:《司法科技的协调与整合》,载《法律适用》2020年第1期。

7.程金华:《人工、智能与法院大转型》,载《上海交通大学学报(哲学社会科学版)》2019年第6期。

8. 谭世贵、王强:《我国智慧法院建设的实践、问题与对策》,载《杭州师范大学学报(社会科学版)》2019 年第 6 期。

9. 刘艳红:《人工智能法学研究的反智化批判》,载《东方法学》2019 年第 5 期。

10. 周佑勇:《智能技术驱动下的诉讼服务问题及其应对之策》,载《东方法学》2019 年第 5 期。

11. 杨秀清:《互联网法院定位之回归》,载《政法论丛》2019 年第 5 期。

12. 刘艳红:《大数据时代审判体系和审判能力现代化的理论基础与实践展开》,载《安徽大学学报(哲学社会科学版)》2019 年第 3 期。

13. 史明洲:《区块链时代的民事司法》,载《东方法学》2019 年第 3 期。

14. 王禄生:《司法大数据与人工智能技术应用的风险及伦理规制》,载《法商研究》2019 年第 2 期。

15. 左卫民:《热与冷:中国法律人工智能的再思考》,载《环球法律评论》2019 年第 2 期。

16. 郭烁:《法院信息化建设二十二年:实践、问题与展望》,载《浙江工商大学学报》2019 年第 1 期。

17. 周尚君、伍茜:《人工智能司法决策的可能与限度》,载《华东政法大学学报》2019 年第 1 期。

18. 王密东:《法院三十年》,载《人民司法(天平)》2018 年第 33 期。

19. 王禄生:《大数据与人工智能司法应用的话语冲突及其理论解读》,载《法学论坛》2018 年第 5 期。

20.《改革开放 40 年——中国信息化发展大事记》,载《中国信息界》2018 年第 5 期。

21. 左卫民:《迈向大数据法律研究》,载《法学研究》2018 年第

4 期。

22. 于志刚、李怀胜:《杭州互联网法院的历史意义、司法责任与时代使命》,载《比较法研究》2018 年第 3 期。

23. 左卫民:《关于法律人工智能在中国运用前景的若干思考》,载《清华法学》2018 年第 2 期。

24. 高一飞、高建:《智慧法院的审判管理改革》,载《法律适用》2018 年第 1 期。

25. 季卫东:《人工智能时代的司法权之变》,载《东方法学》2018 年第 1 期。

26. 董青梅:《马锡五审判方式对数字时代司法的价值》,载《行政与法》2017 年第 6 期。

27. 吕红兵:《律师心中的"智慧法院"》,载《中国律师》2017 年第 5 期。

28. 黄京平:《刑事司法人工智能的负面清单》,载《探索与争鸣》2017 年第 10 期。

29. 潘庸鲁:《人工智能介入司法领域的价值与定位》,载《探索与争鸣》2017 年第 10 期。

30. 郭烁:《司法过程的信息化应对——互联网时代法院建设的初步研究》,载《暨南学报(哲学社会科学版)》2017 年第 10 期。

31. 刘练军:《法官助理制度的法理分析》,载《法律科学(西北政法大学学报)》2017 年第 4 期。

32. 高翔:《我国高级人民法院司法管理职能的改革——以法院院长会议运行状况为实践观察点》,载《法商研究》2017 年第 4 期。

33. 徐骏:《智慧法院的法理审思》,载《法学》2017 年第 3 期。

34. 蔡立东:《智慧法院建设:实施原则与制度支撑》,载《中国应用法学》2017 年第 2 期。

35. 王福华:《电子诉讼制度构建的法律基础》,载《法学研究》

2016 年第 6 期。

36.《人民法院信息化建设五年发展规划(2016—2020)》,载《中国审判》2016 年第 5 期。

37. 王福华:《电子法院:由内部到外部的构建》,载《当代法学》2016 年第 5 期。

38. 周强:《推进人民法院信息化建设转型升级》,载《信息安全与通信保密》2016 年第 3 期。

39. 顾培东:《当代中国司法生态及其改善》,载《法学研究》2016 年第 2 期。

40. 陈瑞华:《司法改革的理论反思》,载《苏州大学学报(哲学社会科学版)》2016 年第 1 期。

41. 倪寿明:《互联网+诉讼服务》,载《人民司法(应用)》2015 年第 15 期。

42. 张淑秋:《吉林电子法院"e"流程变革审判方式——法院信息化建设不再满足于小修小补实现全业务全方位全天候全流程覆盖》,载《吉林人大》2015 年第 11 期。

43. 肖建飞、钱弘道:《司法透明指数评估指标探讨》,载《浙江大学学报(人文社会科学版)》2015 年第 4 期。

44. 王禄生:《相马与赛马:中国初任法官选任机制实证研究》,载《法制与社会发展》2015 年第 2 期。

45. 王琦、安晨曦:《时代变革与制度重构:民事司法信息化的中国式图景》,载《海南大学学报(人文社会科学版)》2014 年第 5 期。

46. 杨凯:《审判管理理论体系的法理构架与体制机制创新》,载《中国法学》2014 年第 3 期。

47. 江西省高级人民法院课题组:《人民法院司法公信现状的实证研究》,载《中国法学》2014 年第 2 期。

48. 顾培东:《人民法庭地位与功能的重构》,载《法学研究》2014

年第 1 期。

49. 唐虎梅、李学升、杨阳等:《人民法院经费保障体制改革情况调研报告》,载《人民司法(应用)》2013 年第 21 期。

50. 严戈、袁春湘:《2012 年全国法院案件质量评估分析报告》,《人民司法(应用)》2013 年第 13 期。

51. 王明泽:《从临高法院看临高之变》,载《今日海南》2013 年第 7 期。

52. 贺小军:《案卷电子化与我国司法的变迁——以法院审判管理为视角》,载《江西社会科学》2013 年第 4 期。

53. 高一飞:《走向透明的中国司法——兼评中国司法公开改革》,载《中州学刊》2012 年第 6 期。

54. 吴少军、廖元勋:《〈人民法院审判法庭信息化基本要求〉解读》,载《中国审判》2012 年第 5 期。

55. 左卫民:《信息化与我国司法——基于四川省各级人民法院审判管理创新的解读》,载《清华法学》2011 年第 4 期。

56. 顾培东:《人民法院内部审判运行机制的构建》,载《法学研究》2011 年第 4 期。

57. 王胜俊:《创新和加强审判管理 确保司法公正高效——在全国大法官专题研讨班上的讲话》,载《人民司法(应用)》2010 年第 17 期。

58. 李嘉:《欠发达地区法院的信息化建设——来自四川省内江市中级人民法院的报告》,载《中国审判》2010 年第 6 期。

59. 左卫民:《中国法官任用机制:基于理念的初步评析》,载《现代法学》2010 年第 5 期。

60. 陈洪、徐昕:《"信息化时代的司法与审判"学术研讨会精要》,载《云南大学学报(法学版)》2010 年第 4 期。

61. 张之库、王伟宁:《让正义以看得见的方式实现——访辽宁省高级人民法院院长王振华》,载《中国审判》2010年第4期。

62.《人民法庭版〈中国审判法律应用支持系统〉全国配发工作基本完成》,载《中国审判》2010年第1期。

63. 廖元勋:《对法院信息化工作的几点思考》,载《人民司法(应用)》,2008年第11期。

64. 廖元勋:《网络视频在远程审判中的运用》,载《中国审判》2008年第10期。

65. 王旭东:《社会信息化概念的历史考察及其厘定》,载《安徽师范大学学报(人文社会科学版)》2008年第4期。

66. 王旭东:《20世纪下半叶"信息化"概念及用词历史源流考释》,载《史学理论研究》2008年第3期。

67. 李文玲:《唐亚伟和"亚伟速记"》,载《文史精华》2008年第3期。

68. 李瑞富、李润海:《构筑信息化平台 助推法院工作腾飞——山东法院信息化建设30年回顾》,载《山东审判》2008年第S1期。

69.《北京市高级人民法院"数字法院"系统》,载《电子政务》2008年第Z1期。

70.《公正司法,法院工作的灵魂和生命——访最高人民法院常务副院长曹建明》,载《中国人大》2007年第23期。

71. 姜兴长:《加强人民法院信息化工作 为社会主义司法制度提供坚强保障》,载《人民司法(应用)》2007年第17期。

72. 邢树华、吴倩:《一个基层法院的细节化成长》,载《走向世界》2007年第9期。

73. 石洪彬:《打造承载公正与效率的便民诉讼快车——山东省新泰市人民法院坚持改革创新促发展》,载《中国审判》2007年第2期。

74. 肖扬:《建设公正高效权威的民事审判制度 为构建社会主义和谐社会提供有力司法保障》,载《中国审判》2007年第2期。

75. 刘梅:《浙江高院"尝鲜"电子签章》,载《中国计算机用户》2006年第23期。

76.《打造信息化的人民法院 戴尔设备助力江苏省高级人民法院构建法院信息化系统》,《中国传媒科技》2006年第12期。

77.《〈中国审判法律应用支持系统〉(法庭版)面世 最高人民法院向先进法庭、优秀法官代表赠送软件》,载《中国审判》2006年第7期。

78. 龚成:《彭州法院信息化建设与"三位一体"管理模式对接的展望》,载《中共成都市委党校学报》2006年第2期。

79. 李瑞富、李润海:《法院信息化与法院发展》,载《山东审判》2005年第3期。

80. 苏力:《法官遴选制度考察》,载《法学》2004年第3期。

81. 孟天:《大思路 大布局——记全国高级法院院长会议》,载《人民司法》2002年第1期。

82. 肖扬:《我们的理想:实现司法公正与效率》,载《人民司法》2002年第1期。

83. 王世民:《对新世纪法院司法行政工作的几点思考》,载《人民司法》2002年第1期。

84. 王天星、王亚琴:《电子政务与行政诉讼》,载《人民司法》2002年第11期。

85. 顾培东:《中国司法改革的宏观思考》,载《法学研究》2000年第3期。

86. 陈健:《司法公正与法院信息化》,载《中国计算机用户》1999年第22期。

87. 宝玉:《转变传统观念 提高科技意识——速录机在庭审中的运用》,载《人民司法》1998年第6期。

88. 刘育芳:《计算机局域网络在法院系统中的组建与应用》,载《人民司法》1998年第9期。

89. 张荣根:《电脑管理法院 科技促进审判》,载《人民司法》1997年第2期。

90. 邱创教:《美国法院考察记》,载《人民司法》1997年第1期。

91. 谢阳群:《信息化的兴起与内涵》,载《图书情报工作》1996年第2期。

92. 王少玲:《推行立、审分离改革是强化审判监督的有效措施》,载《山东审判》1995年第1期。

93. 王靖红:《推行立审分离势在必行》,载《人民司法》1994年第9期。

94.《全面开展审判工作为加快改革开放和现代化建设服务》,载《人民司法》1993年第2期。

95. 郭纪胜:《法院建设十年面面观》,载《人民司法》1992年第7期。

96. 高司正:《信息技术概观(二)》,载《人民司法》1990年第12期。

97. 陈炜、张先达:《计算机管理诉讼档案系统在上海县法院建成》,载《人民司法》1990年第10期。

98.《来自法庭的信息》,载《人民司法》1987年第2期。

99. 田沪明:《访法散记》,载《人民司法》1987年第4期。

100. 最高人民法院司法行政厅三处:《努力实现法院办公自动化》,载《人民司法》1985年第12期。

101. 龚祥瑞、李克强:《法律工作的计算机化》,载《法学杂志》1983年第3期。

三、报纸

1. 张晨:《智慧法院"不打烊""诉讼服务"一站式》,载《法治日报》2023年3月10日,第5版。

2. 倪弋:《全国智慧法院信息系统建成》,载《人民日报》2022年12月13日,第14版。

3. 徐隽:《推动智慧法院建设转型升级》,载《人民日报》2019年10月17日,第5版。

4. 孙航:《智慧法院:司法服务插上信息化翅膀》,载《人民法院报》2018年12月8日,第1版。

5. 高建萍:《基层法院信息化建设存在的问题及对策》,载《江苏经济报》2018年6月27日,第B03版。

6. 龙飞:《智慧法院建设给司法带来的十大变化》,载《人民法院报》2018年10月31日,第8版。

7. 刘楠:《司法信息化:从效率提升到价值发现》,载《人民法院报》2017年5月18日,第2版。

8. 杨学山:《法院系统信息化建设值得借鉴》,载《人民法院报》2015年11月5日,第2版。

9. 刘作翔:《法院信息化建设与司法公开》,载《人民法院报》2015年1月30日,第5版。

10. 罗书臻:《全面加强人民法院信息化建设 努力实现审判体系审判能力现代化》,载《人民法院报》2014年8月23日,第1版。

11.《温家宝在国家信息化领导小组第四次会议上强调 加快信息化建设步伐》,载《人民日报》2004年10月30日,第1版。

12. 国务院信息化工作办公室:《大力推进国民经济和社会信息化》,载《人民日报》2002年10月31日,第5版。

13. 王彦田:《吴邦国在全国信息化工作电视电话会议上强调 提高认识 狠抓落实 大力推进国民经济和社会信息化》,载《人民日报》2002年7月27日,第2版。

14. 段永基:《我国信息化任重道远》,载《人民日报》2002年7月6

日,第7版。

15. 高新民:《电子政务进入新阶段》,载《人民日报》2002年5月11日,第7版。

16. 李佳路:《江泽民为〈中国信息化探索与实践〉一书作序强调加快我国信息化建设》,载《人民日报》2001年12月27日,第1版。

17. 郑宏范:《中共中央举办法制讲座》,载《人民日报》2001年7月12日,第1版。

18. 张明远、龚明辉:《科技强院结硕果》,载《人民法院报》2001年2月19日,第2版。

19. 娄银生、龚达:《南京中院庭审用上高科技》,载《人民法院报》2000年12月4日,第1版。

20. 陈庆修:《未来的电子政府》,载《人民日报》2000年9月4日,第11版。

21. 本报评论员:《加快推进国家信息化建设》,载《人民日报》1997年4月19日,第1版。

22. 乌家培:《关于国民经济信息化的战略思维》,载《人民日报》1996年7月6日,第6版。

23. 郭春雨:《审判现代化需要办公自动化 计算机走进千家法院》,载《人民法院报》1995年8月4日,第1版。

24. 王立文:《法院司法统计手段现代化取得进展》,载《人民法院报》1995年5月28日,第1版。

25. 鲍圣庆:《用于法庭记录的速录机面试 将语音同步转化为汉字已成为现实》,载《人民法院报》1994年10月13日,第1版。

26. 吴中全、李智华:《湖北法院基础设施建设成效显著》,载《人民法院报》1994年7月14日,第1版。

27. 刘会生、倪寿明:《保障改革 促进发展 维护稳定》,载《人民法院报》1994年2月7日,第1版。

四、网络资料

1. 张守增、杜汉生:《最高法出台〈决定〉全面加强法院信息化工作》,载中国发展门户网(http://cn.chinagate.cn/law/2007-08/03/content_8624830_3.htm),访问日期:2019年11月18日。

2.《继续完善物质装备建设——十三论认真学习贯彻第十八次全国法院工作会议精神》,载中国法院网(https://www.chinacourt.org/article/detail/2003/02/id/37027.shtml),访问日期:2023年3月20日。

3. 薛勇秀:《法院信息化建设"天平工程"已进入最后评审阶段》,载中国法院网(https://www.chinacourt.org/article/detail/2007/07/id/255976.shtml),访问日期:2023年3月20日。

4. 张尼:《大数据分析全覆盖 全国法院正迈入信息化3.0时代》,载中国新闻网(http://www.chinanews.com/gn/2015/07-02/7380138.shtml),访问日期:2023年2月15日。

5. 曹颖逊:《法院系统一级专网建设工作启动》,载中国法院网(https://www.chinacourt.org/article/detail/2003/08/id/73073.shtml),访问日期:2023年2月16日。

6. 李婧:《三任最高法院院长都在强调 10年间工作报告必写的是啥内容?》,载人民网(安徽频道)(http://ah.people.com.cn/n2/2016/0314/c358314-27924433.html),访问日期:2023年3月24日。

7.《习近平:当前改革都是"难啃的硬骨头"》,载新华网(http://www.xinhuanet.com/politics/2013-10/07/c_117609154.htm),访问日期:2022年5月27日。

8. 崔真平:《王胜俊:明年是深化司法改革的关键之年》,载中国法院网(https://www.chinacourt.org/article/detail/2010/12/id/438676.shtml),访

问日期:2023 年 5 月 29 日。

9.《改革开放四十年:从信息化到智慧法院 你不知道的历史》,载中国法院网(https://www.chinacourt.org/index.php/article/detail/2018/12/id/3614898.shtml),访问日期:2022 年 4 月 25 日。

10. 巢烨:《父亲的法条索引笔记》,载中国法院网(https://www.chinacourt.org/article/detail/2018/10/id/3537963.shtml),访问日期:2022 年 4 月 21 日。

11. 蒙柯:《法官庭审时睡觉:司法严肃性不能"不在状态"》,载中国新闻网(http://www.chinanews.com/sh/2019/11-13/9005735.shtml),访问日期:2022 年 4 月 8 日。

12. 林森、郑茜、叶慧萍:《林森:变与不变 我与执行的这 25 年》,载全国法院决胜"基本执行难"信息网(http://jszx.court.gov.cn/main/ExecutePerson/85741.jhtml),访问日期:2022 年 4 月 23 日。

13. 高占国、马聪文:《最高人民法院张述元副院长对廊坊法院信息化建设给予充分肯定》,载廊坊中院网(http://lfzy.chinacourt.gov.cn/article/detail/2018/12/id/3597967.shtml),访问日期:2022 年 3 月 25 日。

14.《成都市中级人民法院工作报告(2017)》,载成都法院网(http://cdfy.chinacourt.gov.cn/article/detail/2018/05/id/3293706.shtml),访问日期:2022 年 5 月 4 日。

15. 代正伟:《法院信息化建设现状及问题分析》,载中国法院网(https://www.chinacourt.org/article/detail/2004/11/id/141805.shtml),访问日期:2023 年 3 月 19 日。

后　记

2016年研究生毕业季,我记得很清楚,那时还没有完全毕业,就参与了一项课题调研任务。课题双方见面会那天,正好拍毕业照,考虑到课题也很重要,最后毕业照未能拍成。就这样,博士生活就在硕士生活还没有完全结束之际便已匆匆开始。事实上,在接下来的日子里,每天差不多都是这样的生活:紧张、单调而又匆忙。

本书的写作过程

本书是由我的博士论文修改而成,博士论文的题目是《中国法院信息化问题研究》。博士论文选题的确定,经历了一个非常彷徨、痛苦的过程。在博士论文选题确定之前,我的导师左卫民教授建议我选择一个以"法律大数据"为主题的论文题目。因为在2018年前后,司法领域的大数据、人工智能应用问题正是学术研究的热点,我的一个博士师兄的博士论文题目就是《中国"智慧法院"研究》,据说外审意见给予了肯定。但尽管如此,我仍然不确定类似的主题是否确有研究的价值。更确切地说,是没有找到合适的切入点。几经挣扎,某一天我的脑海中突然有了一个想法:是否可以就法院信息化的相关问题写一篇博士论文呢?在与导师及其他师友交流的过程中,他们也基本上认可了这一选题,尤其是郭松教授提到"法院信息化搞了二三十年,是可以做一个回顾、总结了",更坚定了我研究这一问题的想法。就这样,博士论文选题总算确定下来,那个时候已经是 2018 年 9 月上旬,博士三年级上学期,离我出国访学还有半个月的时间。

本以为选题完成了,博士论文就完成了一半,现在看来,当时的想法过于天真。事实上,博士论文选题确定后马上就面临一个问题,那就是如何布局博士论文的问题。法院信息化作为一种司法现象,是一个司法制度范畴的问题,起初我显然低估了博士论文的写作难度。后来在向导师和郭老师请教的过程中,大致确定了历史变迁、推进动力、现实影响及效果评估等主要章节,后来又增加了实证考察一章,因为导师认为司法信息化是一个实践问题,应当做一个实证考察。我欣然接受了这一建议,由此大致形成了本书目前的研究框架。

博士论文的写作过程是异常波折和痛苦的。回想博士论文的整个写作过程,就是与自己的懒惰、无知、神经大条作艰难斗争的过程,期间除偶尔的"偷闲"之外,大多数时候都是一个人找资料、枯坐、冥想,即使在美国访学的一年里,除了个别周末跑出去溜达一天或半天,基本都在面对文献和电脑。我记得很清楚,在哥伦比亚大学法学院的图书馆四楼,我和清华大学法学院的杨晶晶博士、张一民博士等几乎每天都去图书馆"拜访"。特别是遇到节假日,法学院的学生都出去了,偌大的图书馆就剩下我们几个人,寂寥却又有些悲壮。在访学期间,我完成了博士论文主要文献的收集和整理工作,并撰写了部分章节的内容。

2019 年 9 月,访学结束回到国内,我继续博士论文写作。在此期间,我一方面要完成学校规定的毕业要求,另一方面又要加快论文写作进度,补充文献、开展调研,压力前所未有。这一时期,好朋友孔德王博士经常发给我"Calm down and finish law school"的图片,顺利毕业成为支撑自己完成博士论文的主要动力。2020 年 1 月下旬,一场突如其来的新型冠状病毒肺炎疫情肆虐中华大地,面对疫情,我感到惶恐不安,不知道什么时候厄运会降临在自己身上。博士论文的写作也因此受到了很大影响,尤其是写作进度以及资料的获取方面。由于疫情严重,原定于农历正月初六返校修改论文的计划也被迫搁置并一再推迟,直到后来博士论文定稿并通过外审之后的几个月,才收到学校的返校通知,那时差不多已经五六月份了。

学术研究

博士一年级的时候,适逢员额制试点改革正式推行,各地相继成立了法官、检察官遴选委员会。我对这个问题产生了浓厚的兴趣,并耗费了大量的时间进行研究,写了两篇论文,其中一篇论文获得了中国法学青年论坛征文的优秀奖,然而,这也就是这篇论文所能达到的"顶峰"了。在后续的投稿过程中,虽历经多次修改,该文最终还是没能发表,博士一年级的学术尝试就在这样"不发表便出局"的沉闷中悄然结束了。事实上,现在回想起郭老师对我的告诫,对学术中的"真问题"的判断无疑是极为重要的,而很多时候对"真问题"的判断又何其艰难,因为这依赖于"真本领"。在无法有效甄别"真问题"的前提下,哪怕在学术上走了很多弯路,仍旧可能不得要领。这是我工作了多年之后,而今依然倍感惶惑的问题。

到了2017年前后,大数据、法律人工智能开始兴起并迅速成为学术热点。导师敏锐地意识到法律大数据研究可能成为未来学术研究的一个新的"增长点",为此开始着手这方面的研究。在与导师的日常交流中,渐感大数据法律研究日益重要,于是开始有意识地关注这方面的内容。后来偶然关注到裁判文书"部分上网"的现象,于是开始倾注精力研究裁判文书上网问题,写成了《司法政策执行视阈下刑事裁判文书"部分上网"问题》一文。我清楚地记得,2018年3月20日,《山东大学学报(哲学社会科学版)》给我发来了一封邮件,附了两份修改意见,我大致看了一下,只是轻微的格式调整,并未涉及大的问题!我现在都还记得自己当时的兴奋劲儿!这是我博士生涯中,第一次看见类似"曙光"的东西。要知道,对门的博士同学已于 2017 年年底发表了第一篇论文了。之后,经历了漫长的等待,论文终于得以发表,期间颇为煎熬。事实上,这种悲喜画面在博士生涯里曾数次上演。读博如经大难,我时常对朋友说,读博必须要经历九九八十一难,少一难都不行,少一难都仿佛是幻境。而今回过头来看,博士生活确实"痛苦",但能够清楚回忆起来的,反倒是这些"痛苦"的场景,那些平凡的瞬间,反而如同"烟笼寒水",日渐模糊了。

纽约访学

在纽约访学的一年,是我博士生涯中相对轻松的一年,由于没有外在环境的约束,心理压力比之国内小了很多。期间认识了很多人、接触了不少事,如今回想起来,一切仿佛都历历在目。哥伦比亚大学的中国人不少,法学院的中国面孔亦相对较多。我去的那一年,法学院即有约三十个 LLM 和六七个 JD,我和其中的不少人都有过接触。与此同时,我与很多去哥伦比亚大学法学院访学的老师、博士生都有较多接触,例如四川师范大学的龚学德老师、华东政法大学的李文莉老师、中国政法大学的袁钢老师、苏州大学的朱明新老师、常州大学的黄云波老师,以及邵俊博士、杨晶晶博士、张一民博士、吴双博士等。在此期间,还见到了前来纽约大学开展学术交流的吴宏耀教授、杨波教授、郭烁教授、谢进杰教授、陈虎副教授等,以及在纽约大学法学院亚美研究所访学的谢澍博士、黄蔚菁博士、孟婕博士等,有幸当面向他们求教,收获良多。

致谢

时值本书即将出版之际,我对自己有幸经历的一切、收获的一切,都心怀感激。

首先,我要感谢我的导师左卫民教授。左卫民教授是一位视野开阔、学识渊博、思维敏捷、著述颇丰的老师。自 2016 年进入师门以来，左老师对我耳提面命，使我不敢有丝毫懈怠，这种谆谆教诲让我受益良多，少走很多弯路。四年来，左老师定期举办读书报告会、硕博士论文（开题报告、中期报告等）报告会，并邀请相关领域专家进行指导、点评。在我攻读博士学位期间，这一制度从未中断。在各种类型的读书报告、论文汇报会中，我不断收获新的知识、获得新的经验、取得更多的进步，这一切都使我感慨、感激万分。不仅如此，左老师还在诸多非正式场合指导我的研究，关心我完成学校规定的科研任务的进展，这种如父母般的关怀让我觉得异常温暖。值得一提的是，在我攻读博士学位期间，左老师为学生创造了大量的学习交流机会，包括各种相关的学术会议、培训班、研习营等，对此，左老师均给予大力支持。例如，我有幸前往台湾地区中正大学法学院短期交流、赴哥伦比亚大学法学院访学等，均有赖老师的大力推荐和支持。在本书的写作及出版过程中，左老师也给予了诸多关怀，并就相关选题、章节标题的确定、具体内容的修改以及实证调研问题等提供了很大的帮助，只言片语难以表达对老师的感激之情。

　　其次，我要感谢郭松教授。2013 年，我从西南政法大学毕业，跨考进入四川大学法学院学习并有幸成为郭松教授的学生。郭老师是一位治学非常严谨、学术功底非常深厚、在刑诉界和司法制度领域均有很大影响力的中青年学者。读研以来，与郭老师的联系一直没有中断（掐指一算，今年正好十年），在此期间有幸得到郭老师的诸多教诲与指点。这是我人生中的一大幸事。在我印象中，我的每一篇论文都会发给郭老师请求批评指正，而郭老师也总能敏锐地发现我的问题，并提出中肯的修改意见。甚至我的毕业指标的完成，如果没有郭老师的支持和帮助，估计也要艰难得多。对于我的博士论文以及工作上的诸多问题，郭老师也给予了诸多帮助和指点。需要指出的是，郭老师对我的帮助并不局限于学业，他同样也是我生活上的"导师"。多年来，郭老师对我的生活给予了颇多关心和照顾,在此,一言难表谢意。

再次,我要感谢其他师友。感谢哥伦比亚大学李本教授接受我作为他的访问学者,在哥伦比亚大学的一年中,我曾多次向李本教授请教问题,都得到热情的答复,亦曾多次得到李本教授的无私帮助;感谢四川大学法学院的马静华教授,马老师曾对我的"小论文"选题提出过有价值的意见和建议;感谢西南财经大学的刘磊副教授,他曾就我论文的选题以及文献的收集问题等提供过诸多实质性的帮助;感谢四川师范大学的龚学德老师,在哥伦比亚大学访学期间,我多次前往龚老师家"蹭饭";感谢《山东大学学报(哲学社会科学版)》主编魏建教授、副主编李春明教授,《地方立法研究》编辑部的谢进杰教授、徐菁菁老师,他们是我学术研究道路上重要的帮助者、引路人;感谢《法学家》杂志编辑魏晓娜教授,魏晓娜教授曾对我的相关论文提出过非常中肯的修改意见;感谢在纽约访学期间的室友周振坤博士、谭金凯博士,访学一年,我们相处融洽,作为计算机博士和自然地理学的博士,他们让我见识了自然科学的无穷魅力,获益匪浅;尤其还要感谢北京大学出版社的相关编辑老师,特别是王建君编辑和周子琳编辑,她们就像啄木鸟一般,不断地帮助我修正、完善相关内容,感谢何娇娇师妹,帮我在中间沟通,本书的顺利出版,亦离不开她们的辛苦付出。

我还要感谢四川师范大学的孔德王博士,认识多年来,我们时常一起"神侃",一起探讨学术问题,一起吐槽生活艰辛,一起畅聊人生理想。孔德王博士睿智敏捷,思维活跃,带给我学术和生活上的诸多启发,促进了我的进步;我要感谢安琪博士,安琪师姐曾告诉我,"任何一篇论文都有写下去的理由,都有写不下去的理由",这句话时常在我耳边回响,使我坚定自己的学术追求;我要感谢我的好朋友吴逢雨、李凤、张文、曾沫睿、杨武禄、邹江涛、温开静、熊晋谊、马孟平等,他们在我访学期间给予了诸多帮助,没有他们的支持,我无法顺利完成海外的学习交流。此外,我还要感谢我的同门孙晓玉师姐、张晓彤、莫皓、朱蕾翰、马艺源、江佳佳、肖振雨等，作为同门，他们曾在学业上给予我诸多支持和帮助。

最后，我要特别感谢我的女朋友雨轩，她带给我很多惊喜、快乐与感动，亦时常给予我支持和鼓励，在凄苦的求学、科研路上，她的陪伴使我"免于崩溃"。我也要感谢我的亲人，感谢父母的养育之恩，感谢他们支持我的学业、我的选择。我要感谢我的弟弟，在我留学期间帮助我查阅、扫描很多资料而丝毫没有怨言，在生活上对我也颇为关心。他们是我学术路上最坚强的后盾。

2023 年 5 月 29 日
于西南大学明辨楼

图书在版编目(CIP)数据

信息化与中国法院变迁 / 叶燕杰著. —北京：北京大学出版社，2023.6
（中国司法改革实证研究丛书）
ISBN 978-7-301-34141-4

Ⅰ.①信… Ⅱ.①叶… Ⅲ.①司法—信息化—研究—中国 Ⅳ.①D926.1-39

中国国家版本馆 CIP 数据核字（2023）第 109000 号

书　　　　名	信息化与中国法院变迁 XINXIHUA YU ZHONGGUO FAYUAN BIANQIAN
著作责任者	叶燕杰　著
责 任 编 辑	周子琳　王建君
标 准 书 号	ISBN 978-7-301-34141-4
出 版 发 行	北京大学出版社
地　　　　址	北京市海淀区成府路 205 号　100871
网　　　　址	http://www.pup.cn　http://www.yandayuanzhao.com
电 子 信 箱	yandayuanzhao@163.com
新 浪 微 博	@北京大学出版社　@北大出版社燕大元照法律图书
电　　　　话	邮购部 010-62752015　发行部 010-62750672 编辑部 010-62117788
印 刷 者	三河市北燕印装有限公司
经 销 者	新华书店
	650 毫米×980 毫米　16 开本　13.75 印张　175 千字 2023 年 6 月第 1 版　2023 年 6 月第 1 次印刷
定　　　　价	49.00 元

未经许可，不得以任何方式复制或抄袭本书之部分或全部内容。
版权所有，侵权必究
举报电话：010-62752024　电子信箱：fd@pup.pku.edu.cn
图书如有印装质量问题，请与出版部联系，电话：010-62756370